Entrevistas Preliminares em Psicanálise

Incursões Clínico-teóricas

3ª Edição

Entrevistas Preliminares em Psicanálise

Incursões clínico-teóricas

3ª Edição

Fernando Rocha

c coleção
c clínica
p psicanalítica

Artesã

Entrevistas preliminares em psicanálise: incursões clínico-teóricas

3ª edição

DIRETOR
Alcebino Santana

DIRETOR DE ARTE
Tiago Rabello

CAPA
Artesã Editora

PROJETO GRÁFICO
Artesã Editora

DIAGRAMAÇÃO
Marcos Digues

Catalogação na publicação
Elaborada por Bibliotecária Janaina Ramos – CRB-8/9166

C38E61

Entrevistas preliminares em psicanálise: incursões clínico-teóricas / Organização de Flávio Carvalho Ferraz; Prefácio de Sergio Zaidhaft. – 3. ed. – Belo Horizonte: Artesã, 2025.

Autor: Fernando Rocha

(Clínica Psicanalítica)

198 p.; 14 X 21 cm ISBN

978-85-7074-140-0

1. Entrevistas - Psicanálise. 2. Saúde mental. I. Ferraz, Flávio Carvalho (Organizador). II. Zaidhaft, Sergio (Prefácio). III. Título.

CDD 086.9

Índices para catálogo sistemático:
I. Entrevistas - Psicanálise

IMPRESSO NO BRASIL
Printed in Brazil

(31)2511-2040 (31)99403-2227
www.artesaeditora.com.br
Rua Rio Pomba 455, Carlos Prates - Cep: 30720-290 | Belo Horizonte - MG
/artesaeditora

Sumário

Prefácio

O que será que faz alguém querer lançar-se numa viagem? O que será que faz duas pessoas acreditarem que serão capazes de compartilhá-la? Será que a decisão de se lançar nessa empreitada ocorre ao sabor dos ventos? Haverá algum meio de poder prever o sucesso ou o insucesso desta aventura? E quando as duas pessoas são um analista e um analisando? Afinal, é possível responder a tantos "o que será que será"?

Fernando Rocha, neste livro, lança as linhas que poderão configurar um mapa para que esta viagem – uma análise – se inicie.

Da "análise de prova" de Freud às "entrevistas preliminares", um enorme corpo de conhecimentos cresceu na psicanálise. Entretanto, uma impressão diagnóstica inicial (mesmo com todos os questionamentos que se possa fazer a um diagnóstico em psicanálise) e necessariamente flutuante (para que não se constitua num aprisionamento), a avaliação da demanda do cliente e de sua percepção quanto à sua implicação no seu sintoma é critério mínimo para saber por quais mares se navegará e com que instrumentos poderemos e deveremos contar.

Já que se está fazendo alusão ao mar, é evidente que não se pode seguir a máxima preconizada por alguns de que tudo que cai na rede é peixe, e que, se alguém procura um psicanalista, razões ele deve ter e serão descobertas em algum momento. Ou seja, deste ponto de vista, peixe, rede, barco, anzol, tudo, enfim, relacionado à pescaria será examinado posteriormente, sem se considerar se peixe e rede são adequados um ao outro, e sem se falar das consequências muitas vezes desastrosas dessa atitude inicial.

Bem entendido, não se trata de acreditar que é possível combinar previamente por quais caminhos se seguirá, nem é possível estabelecer um acordo de que não haverá surpresas. Além do mais, felizmente, garantias são impossíveis em nosso campo.

Se as entrevistas preliminares contêm, em germe, tudo o que ocorrerá posteriormente durante a análise, este prefácio (esta preliminar) deveria conter, em germe, tudo que o livro contém. Lamento, mas esta é uma tarefa impossível. Não há aqui os vários mares, as águas profundas e revoltas pelas quais Fernando navega.

No entanto, uma coisa posso garantir: não haverá calmarias. Por favor, não se amedrontem: felizmente, assim como numa análise, a leitura deste livro leva-nos a um porto do qual, se não se pode dizer que seja seguro, pelo menos nos auxilia a poder buscá-lo com bússola, régua e compasso mais apurados.

Que o autor não nos ouça, mas para que não o acusem de propaganda enganosa, devo adverti-los: o livro não é somente sobre entrevistas preliminares. Claro que o autor parte das entrevistas para discutir uma série de questões fundamentais, mas não se sintam ludibriados nem digam que não foram avisados: o livro é sobre a viagem inteira, não apenas sobre seus preparativos.

Como sempre, os poetas dizem melhor. Nas palavras de Milton Nascimento & Ronaldo Bastos:

Para quem quer se soltar invento o cais
Invento mais que a solidão me dá
Invento lua nova a clarear
Invento o amor e sei a dor de me lançar.
Eu queria ser feliz
Invento o mar
Invento em mim o sonhador.
Para quem quer me seguir eu quero mais
Tenho o caminho do que sempre quis
E um saveiro pronto pra partir
Invento o cais
E sei a vez de me lançar.

Portanto, se estamos de acordo que a Psicanálise é uma grande invenção, sigamos Fernando neste seu percurso, e inventemos, pois! Desafivelem os cintos de segurança (eles não terão serventia), reclinem seus bancos e boa viagem.

Sergio Zaidhaft

Introdução: A experiência analítica – uma viagem desafiadora

"Escrever é traduzir. Mesmo quando estivermos a utilizar a nossa própria língua. Transportamos o que vemos e o que sentimos para um código convencional de signos, a escrita, e deixamos às circunstâncias e aos acasos da comunicação a responsabilidade de fazer chegar à inteligência do leitor, não tanto a integridade da experiência que nos propusemos transmitir, mas uma sombra, ao menos, do que no fundo do nosso espírito sabemos bem ser intraduzível, por exemplo, a emoção pura de um encontro, o deslumbramento de uma descoberta, esse instante fugaz de silêncio anterior à palavra que vai ficar na memória como o rastro de um sonho que o tempo não apagará por completo."

(José Saramago, *Ensaio sobre a cegueira*)

Neste livro abordo a especificidade das entrevistas preliminares em Psicanálise e suas articulações clínico-teóricas. Ele é o resultado de uma série de seminários ministrados ao longo dos últimos anos em instituições psicanalíticas e em grupos de estudo sobre este tema. Parte do material aqui apresentado foi retirado de gravações realizadas durante esses seminários, tendo sido preservada, muitas vezes, sua linguagem informal. Pelo fato de serem seminários, alguns assuntos, por vezes, são repetidos no entrecruzamento dos temas.

As vinhetas clínicas que aparecem no texto dizem respeito a analisandos atendidos na década de 1970, em outro país, o que facilitou nosso trabalho de descaracterização, além da preservação ética do anonimato.

Entendemos que o papel relevante que conferimos à teoria não está apenas nos enunciados que dela advenham, mas na maneira como ela é concebida. Portanto, estabelecer relações entre a teoria psicanalítica e a prática clínica é, antes, articulá-las sem reduzir uma à outra. Não há, pois, por que torná-las análogas.

Se há uma tensão própria ao exercício da clínica, essa nasce dos elementos inesperados, das surpresas intrínsecas a esse exercício. Pois, embora o analista conheça as teorias que constituem os pilares da Psicanálise (o inconsciente, a transferência, a resistência, a associação livre, entre outros), ainda assim será surpreendido pelas singularidades trazidas por cada analisando. Do que se conclui que o saber do analista se resume a um saber analisar, isto é, à capacidade de levar um sujeito à decifração do seu texto inconsciente. Dessa forma, transitar com desembaraço pelos meandros da teoria deverá possibilitar ao analista libertar-se da teoria como um modelo a ser aplicado, para oportunizar ao analisando poder vir a saber sobre si mesmo. Este é, sem dúvida, um dos importantes legados de Freud: o trabalho do psicanalista é um *fazer saber*, em lugar de um *saber fazer*. Para Freud, a Psicanálise deveria ser posta em questão a cada caso, e, para tanto, era indispensável que o analista conservasse "o estado de graça" do não saber.

Enquanto um "inclinar-se para", a clínica não deve ser vista como uma representação da vida, uma vez que ali se funda um acontecimento vivencial repleto de sensações e de ocorrências singulares. Esse acontecimento vivencial é, pois, a matéria-prima do processo analítico; é por seu intermédio que se apresentam o reconhecível e o irreconhecível, o passado e o presente, o vivido e o ansiado, configurados numa única cena.

Podemos comparar o acontecimento vivencial da cena analítica sempre como uma singularidade impossível de ser prevista, tanto pelo analisando como pelo analista. Talvez possamos comparar tal situação àquela vivida pelo navegador: este pode até conhecer tudo sobre um caminho que irá percorrer – todas as paradas, todas as paisagens que encontrará –, porém jamais poderá prever como ocorrerá cada viagem, à semelhança do psicanalista, que, embora conheça o caminho teórico que constitui o processo analítico, jamais poderá prever cada cena analítica. Em ambos os casos – do navegador e do analista –, a singularidade consiste na própria realização do percurso, que jamais poderá ser descrito antes de ser realizado. É no percorrer que o percurso se revela. Só podemos dizer algo sobre um acontecimento vivencial na cena analítica após sua realização, o que significa fazer um relato. Relato que, à maneira daquele feito pelo navegador sobre a sua viagem, está marcado por um conhecer sobre a arte de analisar.

Em ambos os casos, o êxito da viagem depende da maneira como conduzir o "barco", implicando a aceitação de que apenas o conhecimento teórico do funcionamento de um barco ou do processo analítico, embora necessários, não é suficiente para garantir o percurso da viagem. Lançar-se, porém, como navegador-analista sem nada saber sobre essa arte não garante que somente o percurso ensinará a navegar.

Assim como a experiência do navegar, que se faz acompanhada de um conhecimento que advém do acúmulo das vivências das várias viagens, o mesmo ocorre na viagem analítica. Se o conhecimento teórico não garante o êxito do navegar – tanto na navegação como na Psicanálise –, isso não quer dizer que em ambos os casos somente o acúmulo de experiência seja suficiente. Na viagem analítica, deverá ser acrescentada ao conhecimento teórico e à experiência a própria viagem analítica do analista, que, antes de tornar-se analista, fora analisando. Por ter navegado em sua própria análise, o analista pode reunir as condições básicas que, somadas ao desejo de tornar-se analista, possibilitar-lhe-ão que seja um ocupante do lugar de analista. No entanto, a escuta do analista não está isenta de apresentar movimentos de resistência contratransferenciais, já que há muitas maneiras de um analista "passar ao ato", inclusive conservando formas como o "ativismo interpretativo ou explicativo".

A arte de navegar, assim como a de analisar, só poderá ser exercida por aqueles que conhecem as impossibilidades e os limites intransponíveis para operar mudanças, como as direções do vento, as variações de tamanho das sucessivas ondas. Por vezes, navegar é soltar a âncora e esperar pacientemente as condições favoráveis para que a viagem possa prosseguir.

Já no navegar psicanalítico, as impossibilidades de operar mudanças por vezes desejadas pelo psicanalista consistem no fato de que a matéria-prima que se posta diante dele será sempre a história singular vivenciada por cada analisando. A arte de navegar, ou de analisar, estaria próxima à arte do escultor, no sentido assinalado por Freud: o escultor somente poderá extrair da matéria uma forma limitada pelo que a matéria lhe oferece.

É importante ressaltar a distinção entre o ato clínico e o relato do analista, uma vez que o relato de uma sessão pode adquirir várias significações, embora implique um lugar a partir do qual o analista irá privilegiar uma seleção do material analítico, qualquer interferência ou dedução não deve ter como base as possíveis intenções que a elas atribui o analista. Então, qualquer dedução feita pelo analista deverá estar submetida a uma sequência de dados fornecidos pelo analisando – por meio da associação livre –, de tal maneira que o que garante a dedução são os vários "dizeres" do analisando.

Afirmar, então, que o relato só pode ocorrer no *a posteriori* da sessão implica admitir que todo relato é, necessariamente, uma articulação teórica que não diz a vivência do analisando, mas é, sobretudo, um mapeamento desta, tal como nos lembra Pontalis (1968, p. 19): "[...] é somente *a posteriori* que se estabelecem os mapas e os levantamentos. Mas estes são indispensáveis à elaboração de uma experiência de outra maneira não governável".

Os relatos psicanalíticos são desafios que se iniciam desde o tempo das entrevistas preliminares.

1. Justificativa das entrevistas preliminares[1]

"A primeira entrevista quase sempre não passa de uma preparação, de uma ordenação de peças de um jogo de xadrez. Tudo fica para se fazer mais tarde, mas os personagens puderam ser postos em campo."
(Maud Mannoni, *A primeira entrevista com o psicanalista*)

O tempo das entrevistas preliminares, ou prólogo da análise, apresenta questões fundamentais, cujo manejo poderá ajudar o psicanalista a lançar mão dos critérios de analisabilidade e definir a maneira mais adequada de investigar e de encaminhar o processo psicanalítico. Ao delimitar o campo do saber que constitui a Psicanálise, nele ressaltando sua dimensão indagadora, Freud (1913) define o tratamento psicanalítico como um saber em movimento. O que aparece então como específico é o indissociável laço entre o ato de investigar e um saber que se oferece à transformação[2].

[1] Parte deste capítulo foi apresentada como palestra na Sociedade de Psicanálise de Brasília em abril de 2000.

[2] A esse respeito, Freud ressalta três dimensões da definição de psicanálise: um procedimento de investigação dos processos mentais; um método terapêutico fundado sobre esta investigação; e uma série de concepções psicológicas formando progressivamente uma nova disciplina científica.

O momento das entrevistas preliminares possibilita ao analista situar-se diante do tipo de demanda do entrevistando-analisando em potencial. Nos casos em que o método psicanalítico for constatado como pertinente, ao analista cabe a tarefa de transformar o pedido de ajuda em demanda de análise. O trabalho das entrevistas preliminares pode fazer com que o sofrimento explícito ou implícito do entrevistando transforme-se numa demanda de análise. Ao mesmo tempo, representa o momento no qual o analista deverá interrogar-se sobre suas possibilidades de empreender o trabalho com aquele entrevistando em particular.

Assim, se há um prólogo da análise, este não se restringe apenas às interrogações referentes à demanda do entrevistando, mas, também, àquelas que o analista deverá se fazer sobre suas possibilidades de assumir o *lugar de analista* com aquele analisando específico. As entrevistas preliminares devem considerar tanto a dimensão que situa a indicação da análise como adequada ou não, quanto a que se volta à motivação do analista no empreendimento da análise com aquele analisando específico.

Cabe lembrar que a pertinência do método analítico coloca questões quanto aos procedimentos a serem adotados nos casos em que não há indicação de "análise clássica": quando o analisando se expressa sobretudo por meio de comportamentos sintomáticos que ocupam o lugar da elaboração psíquica; quando, no funcionamento psíquico, há entraves que dificultam a busca de uma significação para o sofrimento; quando a ideia de um tratamento pela palavra é desvalorizada e o analista é mais solicitado como "pessoa" do que como "função". Nesses casos é inquestionável a necessidade de operar adaptações a fim de fazer face a essas situações.

Pontalis (1974) ressalta que

> [...] Só podemos reconhecer uma extrema variedade de opiniões entre os analistas mais experientes. É verossímil que se somássemos suas respostas divergentes chegaríamos ao resultado paradoxal seguinte, plenamente contraditório: todas as organizações psicopatológicas podem ser abordadas pela psicanálise; nenhuma, mesmo as neuroses mais "clássicas", não é realmente acessível nas suas raízes (p. 5).

Se partirmos da ideia de que se submeter ao *protocolo analítico* – pagar os honorários, deitar-se no divã etc. – não é suficiente para assegurar que uma análise ali se esteja processando, no sentido de favorecer *aberturas do inconsciente*, as entrevistas preliminares poderão constituir um momento decisivo para que se estabeleça um processo de análise que conduza a essa *abertura do inconsciente*, assegurando, assim, uma nova modalidade de funcionamento psíquico. Desse modo, a prática analítica visa a oferecer-se como possibilidade de o analisando realizar uma experiência do inconsciente que o conduza a aceder à sua singularidade e à quebra da onipotência.

A respeito das entrevistas preliminares em psicanálise, Piera Aulagnier (1973) fertiliza o debate quando formula a hipótese de que a análise ocorre quando o entrevistando aceita a existência do inconsciente. Essa hipótese indica também que, mesmo sem haver um saber formalizado do entrevistando ou um saber convergente com o do analista sobre a ideia de inconsciente, o reconhecimento de que este existe provocará impactos e consequências ao longo do processo. Esse reconhecimento é, para Aulagnier, a viga mestra que permite à transferência não cair na pura dependência afetiva e autoriza o analisando a reconhecer e assumir a autonomia de sua demanda. Esta traduz a ideia de que o sujeito teria consciência de conflito, possível indicador para ter justificada a sua demanda de análise.

Há, portanto, uma distinção entre o sofrimento vivido pelo entrevistando sem que haja qualquer consciência de conflito e quando esta consciência existe. Para McDougall (1989), "Se não existe reconhecimento de sofrimento psíquico, tais sujeitos não são verdadeiramente candidatos à análise, mesmo se os outros lhes demonstrem com insistência que eles precisam de ajuda terapêutica" (p. 17). Neste caso, o conflito interno é um estado de sofrimento no qual o sujeito "se sabe" participante da situação geradora do sofrimento.

Cabe lembrar que há pessoas que procuram análise apresentando um grande sofrimento, sem, contudo, possuírem uma organização psíquica que lhes possibilite a compreensão da noção de conflito inconsciente. Face a tal questão, podemos observar várias posturas. A primeira é representada por uma tendência de o analista considerar, apressadamente, alguns analisandos neuróticos "casos-limite" ou "analisandos narcísicos", pressa que poderá levar o analista a confundir sintomatologia com organização psíquica de base, e, em decorrência disso, realizar remanejamentos no *setting* de modo não apropriado. Com relação a esses casos, a escuta da associação livre e a observação da transferência poderão servir de pontos de referência para o analista avaliar o diagnóstico. A segunda postura, no meu entender, a mais adequada, é a de efetivar mudanças no enquadre analítico que possibilitem um trabalho com analisandos que, não podendo beneficiar-se de uma "análise clássica", possam ser atendidos por um psicanalista que lhes oferecerá o que Jean-Luc Donnet (1975) denominou um "divã bem temperado".

Conforme C. Bouchard & J. M. Porte (1998) apontam, antes de se instituir um *setting* analítico, faz-se necessário que certos mal-entendidos sejam dissipados. E exemplificam, interrogando: "Que então fazer diante de um mal-entendido que podemos caricaturar por um 'fale-me' que teria como resposta um 'trate--me'?" (p. 8-9).

Certa vez, uma mulher, a quem chamarei Mireille, telefonou--me e perguntou se eu aceitaria escutá-la, ainda que ela não tivesse certeza de querer empreender uma análise.

Em nossa primeira entrevista, disse estar vivendo um drama passional com um homem de quem sentia muito ciúme e com quem costumava brigar, inclusive fisicamente. Comunicou ainda que o que a vinha deixando sobretudo assustada era a sua incontrolável violência: na última briga tentara ferir corporalmente o namorado.

Na entrevista, disse: *Não sei se quero uma análise, mas preciso muito que você me escute*. Ao final de cada encontro, tentando compreender melhor o sentido de sua demanda, perguntava-lhe quando ela desejava voltar. Essa foi a maneira inicial – a meu ver, suportável para Mireille – de fazê-la voltar às entrevistas.

Que temores levavam Mireille a hesitar em querer uma análise, mesmo assumidamente querendo ser escutada? Penso serem próprias ao trabalho das entrevistas preliminares a análise da demanda e a ajuda ao entrevistando, para que este chegue a poder transformar uma demanda de ajuda em uma demanda de análise (Rocha, 1991).

Expressando angústia, Mireille demonstrava grande necessidade de queixar-se, colocava-se sempre na posição de vítima das situações. Em uma das entrevistas, ela cometeu um lapso decisivo para o início de sua análise, já que se implicou, pela primeira vez, nas dificuldades das quais tanto se queixava. Ao descrever uma briga com o namorado, quando ia dizer *eu queria matá-lo*, disse *eu queria amá-lo*. Essa inesperada fala – irrupção do inconsciente de Mireille –, sublinhada pelo analista, inaugurou sua entrada em análise. Tal lapso, de marcante efeito analítico, foi fundamental para que ela vislumbrasse o sentido defensivo de sua violência. A partir desse momento, Mireille aceitou deitar-se no divã e associar livremente.

Ainda que o sofrimento houvesse conduzido Mireille ao consultório do analista, isso não significava que ela tinha vindo com uma demanda de análise. Ao contrário, dizia não estar certa de querer uma análise. Mas que ideia tinha Mireille de análise?

Para alguns, é impossível enfrentar a situação analítica quando esta é vivenciada como ameaçadora, pelos riscos que apresenta de mudança psíquica, mudança esta que, paradoxalmente, é a causa da procura. Isso ocorre porque, em muitos desses casos, os sintomas representam "meios de sobrevivência psíquica", razão compreensível da forte resistência frente às mudanças. Nesses casos, o analista precisa decidir acerca da abordagem mais adequada.

Com frequência, o analista recebe em seu consultório pessoas que, embora sofram e peçam ajuda, pouco ou nada sabem a respeito da especificidade do trabalho analítico. Tais pessoas podem chegar ao analista tanto por iniciativa própria quanto encaminhadas por alguém que sabe do seu sofrimento. Não raro, esses entrevistandos relatam seus problemas sem que conheçam o papel da análise nem a função do analista. Quando no entrevistando os processos de representação-simbolização parecem muito frágeis, não havendo o espaço psíquico que possa dar sentido à busca de um sentido inconsciente, cabe ao analista efetuar remanejamentos do enquadre para fazer face àquela situação.

Um dos aspectos importantes a ser evitado nas entrevistas preliminares é o estímulo a uma relação transferencial, prolongando o número de entrevistas, quando o analista não se sente com possibilidades de atender, ou quando percebe que a problemática do entrevistando é incompatível com o seu desejo de analisá-lo. Este cuidado denuncia a inadequação de se estabelecer, aprioristicamente, um número de entrevistas, embora deva ser mantido como princípio básico um número que preserve o entrevistando de uma perturbação em sua economia psíquica.

Assim, quando o analista considera pertinente o seu engajamento com aquele entrevistando específico, a ele cabe, ainda, interrogar-se sobre sua capacidade pessoal de engajar-se nesse processo. E quando a resposta for positiva, cabe-lhe também decidir se tem ou não interesse em se colocar para esse entrevistando como seu eventual analista. Essa escolha acaba constituindo-se em um segundo momento que permite ao analista reconhecer, independentemente da etiqueta nosográfica, a sua própria problemática psíquica, repensar seus pontos de resistência (embora saibamos que a maioria deles é da ordem do inconsciente), e poder formular um "autodiagnóstico" que, no dizer de Aulagnier (1989), lhe propicie rever sua "[...] capacidade de investir e de preservar uma relação transferencial não com um neurótico, um psicótico, um caso-limite, mas com o que pode prever, para além do sintoma, sobre a singularidade do sujeito que está diante dele" (p. 183-203).

Além dessas duas dimensões – a que se refere aos critérios advindos da teoria e a decorrente do percurso autointerrogativo ou de autoanálise –, há outra que decorre das perguntas que o analista possa se fazer, que engloba desde "opções teóricas, posições ideológicas, sua própria problemática inconsciente e sua economia psíquica". Aulagnier propõe inserir esse conjunto de elementos no termo "analisável", abrindo com isso o leque do debate, que passa a incluir no campo claramente delimitado da clínica.

É inegável a contribuição de Aulagnier ao vincular o reconhecimento da existência do inconsciente à garantia de que a transferência não caia "numa pura dependência afetiva". Mas ela não deixa, todavia, de conter uma dimensão questionável, uma vez que lança a hipótese de que seria possível uma situação na qual o analisando estivesse em um estado de permanente vigilância a fim de evitar essa dependência. Neste caso, cabe refletir sobre se o reconhecimento do inconsciente ou o conhecimento sobre o mesmo seria um salvo-conduto protetor contra a dependência. Sabemos que o processo analítico não se passa no campo do conhecimento cognitivo, e que a dependência é um fenômeno desejado inconscientemente pelo analisando. Talvez nisso resida a diferença entre o analista e o analisando – principalmente se levarmos em conta que o analisando possa ser também um analista. Vale lembrar que a transferência se instala quando alguma coisa desconhecida tanto do analisando quanto do analista, mas que está presente no *setting* analítico, mobiliza um traço inconsciente do analisando (entrada na transferência). Esse elemento, que faz parte do *setting*, funciona como um ímã que, por atrair um traço inconsciente do analisando, faz deflagrar uma série de vivências inconscientes.

Se a palavra "transferência" conota a ideia de transporte, o que necessita ser transportado é a quantidade de energia pulsional advinda de vivências que, por trazerem desprazer, ficam apartadas de sua representação, acumulando-se sem, contudo, poder ser expressas. Assim, algo acontece na cena analítica que provoca uma transferência dessa quantidade, um transporte de um lugar para outro pela imagem que no *setting* acionou e que, ao mesmo tempo, oferece uma imagem para que essa quantidade a ela se ligue[3].

[3] Liberar essa energia não significa acabar com ela por meio de uma descarga, uma vez que a mesma retorna – tal como acontece nos rituais mágicos e práticas de ab-reação em que, mesmo havendo descarga, por não ocorrer um processo de elaboração, impede-se a

A psicanálise visaria, então, à formação de cadeias, permitindo direcionar a energia desligada, instaurando a possibilidade de ressignificar a história do sujeito, a fim de que ele passe a coexistir com a condição de irremediavelmente interditado-castrado. Isso quer dizer que o sujeito, mesmo já estando interditado – já tendo substituído os *ideais do ego ideal* pelos *ideais do ideal do ego* (ideais da cultura) –, ainda resiste em aceitar sua condição, vivendo um estado nostálgico decorrente da antiga posição perdida. O ego ideal refere-se a uma formação intrapsíquica na qual predomina o ideal de onipotência narcísica, forjado sobre o narcisismo primário.

Podemos dizer que o desejo atávico pelo prazer faz do homem um ser que evita o sofrimento, já que o sofrimento é uma forma de desprazer. E que o sofrimento para o qual se volta a psicanálise é aquele proveniente do conflito entre as posições de ego ideal e de ideal de ego. Pois a saudade da antiga posição, e a impossibilidade de com ela coexistir, constituem o drama, o sofrimento, enfim, a sintomatologia daquele que poderá vir a fazer uma demanda de análise.

Neste sentido, é inadequado considerar o início da análise quando o demandante procura o analista simplesmente para atender ao pedido de outrem – o marido, a esposa, o chefe, o médico, ou a instituição (no caso daqueles que buscam a análise por ser ela prerrequisito para sua formação). A ausência de uma demanda de análise por parte do entrevistando é, então, considerada uma demanda "por mandato". Quando não há possibilidade de que ele se desligue desse mandato, a análise poderá transformar-se

---

formação de cadeia (ligação entre *quantum* de afeto e representação), o que torna premente a repetição do mesmo ritual. No momento em que a análise visa à formação de cadeias, e não apenas à descarga, haveria a possibilidade da produção de novos sentidos (Rocha, 2000).

num processo vazio, como as conhecidas análises fracassadas de adolescentes cujo mandato paterno permanece preponderante.

Freud (1926), em "A questão da análise leiga", retoma a questão do diagnóstico:

> [...] quando se submete um analisando que sofre do que se descreve como perturbações nervosas, deseja-se, de antemão, estar certo de que ele se presta a essa espécie de tratamento, de que se pode ajudá-lo por esse método. Isto, contudo, é o caso apenas se ele realmente tiver uma neurose (p. 14).

Ao circunscrever o método psicanalítico aos casos de neurose, Freud não só nos fornece um solo fértil para desenvolvermos o tema do diagnóstico diferencial, como afirma a importância que conferia às entrevistas preliminares, as quais denominava "análises de prova". No entanto, é inevitável indagar: trata-se de provar o quê?

As entrevistas preliminares devem fornecer elementos ao analista para que ele possa provar se o método psicanalítico é adequado àquele que está demandando tratamento. Por consequência, essa é também uma maneira de o analista obter dados que lhe permitam posicionar-se quanto ao manejo da técnica. Até esse momento, o que fica ressaltado é a confirmação de que o entrevistando possui uma estrutura neurótica – incluída aí a discriminação do tipo de neurose. Por outro lado, é também nesse momento que será averiguado qual o tipo de estrutura não neurótica que o demandante possui. Neste último caso, caberá ao analista seguir o caminho apontado por Freud, ou seja, repensar o dispositivo analítico. No entanto, a nomeação do diagnóstico por parte do analista deverá comportar a prudência de ser um "diagnóstico flutuante", já que somente na transferência ele poderá ser mais bem definido.

A preocupação de Freud (1913) em demarcar o diagnóstico diferencial levou-o ao hábito de aceitar analisandos de forma provisória e por um período definido, uma vez que qualquer equívoco entre "uma demência precoce e uma neurose" conduziria o analista, lembra ele, a "não poder cumprir sua promessa de cura" (p. 166).

Este tema é reiterado por Freud (1904-1905) quando enfatiza que "associação livre" significa associação entre imagens e sensação. Nesse sentido, ele assinala a importância de o analisando poder verbalizar, pois é no ato de falar que diferentes representações (imagens) podem vincular-se a sensações que ficaram separadas das imagens que as geraram.

No entanto, outro viés desse debate refere-se ao papel determinante que desempenha o modo específico da escuta e da intervenção analíticas. É ele que poderá modificar o discurso do entrevistando, na medida em que este, ao se ouvir, ganha a possibilidade de conferir-lhe um novo sentido. É esse novo sentido – buscado ao longo do processo analítico – que nas entrevistas preliminares adquire a função de redirecionar a demanda do entrevistando, podendo, assim, conduzi-lo a uma demanda de análise.

As entrevistas preliminares devem, então, considerar tanto a dimensão que situa a indicação da análise como sendo ou não adequada, quanto ao que se refere à motivação do analista para assumir o *lugar de analista* com aquele analisando específico. Assim sendo, é de fundamental importância compreender a dimensão que o termo "analisabilidade" adquire numa perspectiva de análise que considera as entrevistas preliminares um dos momentos indispensáveis na construção do processo de análise.

Analisabilidade: uma questão do psicanalista?

A analisabilidade é enfatizada por Aulagnier como uma questão remetida às possibilidades pessoais de um analista à demanda de análise. Esta abordagem torna-se relevante se considerarmos que somente a constatação de indicação de análise não é suficiente para o engajamento do analista. Segundo Aulagnier, a indicação não implicará, necessariamente, o engajamento daquele analista com aquele determinado analisando. Assim, a noção de "critérios de analisabilidade" circunscreve-se em um fator pessoal que parece escapar a qualquer codificação (Aulagnier, 1973).

Por conceber a análise como um trabalho, uma atividade que se desenvolve em comum, Aulagnier considera que a escuta analítica só será possível se for, para o analista, fonte de um interesse por aquele discurso em particular, daquele determinado sujeito, daquela determinada análise. Concordo com esta autora quando ela afirma ser este um problema que se prefere pudicamente esconder. "Ser analista não é suficiente para que todo discurso – porque testemunho de uma neurose ou de uma psicose – interesse" (Aulagnier, 1973, p. 50).

Aulagnier ainda insiste quanto ao papel essencial desse interesse cuja eficácia residiria em não se reduzir a um "faz de conta". Ironicamente, ela diz: "[...] a atenção flutuante torna-se desatenção constante". Com essa reflexão, ela enfatiza que o desinteresse do analista pode ser camuflado por racionalizações que poderão remeter ao desejo do analista de neutralidade etc. (Aulagnier, 1973, p. 52).

Freud, no início, via sobretudo na analisabilidade sintomática as possibilidades de processo analítico, e não levava em conta que o analisando pudesse ter uma estrutura patológica que justificasse o tratamento, sem ter uma demanda legítima de análise. Essa perspectiva pode ser constatada quando Freud, referindo-se ao caso Dora, diz: "Foi somente a autoridade do pai que a induziu a procurar-me" (Freud, 1905, p. 20).

Efetivamente, como meio de inferir um diagnóstico provisório, o analista dispõe tão somente de sua escuta, e se tal diagnóstico pode ser elaborado, ele deverá ser colocado em suspensão, apenas se confirmando na transferência. Assim, podemos dizer que aquilo que faz a especificidade do psicanalista é a sua receptividade, a sua maneira particular de escutar, escuta no sentido pleno do termo, que faz com que o discurso do potencial analisando se modifique e tome um novo sentido.

Embora saibamos que um processo analítico não pode ser instaurado ou mesmo sustentado por meio de uma demanda de análise por mandato, isso não significa, obviamente, que o analista se restrinja a receber somente aqueles que, ao falarem do sintoma como corpo estranho que provoca sofrimento, o questionam, tendo ideia de conflito inconsciente. Esse "demandante ideal de análise" seria supostamente aquele que já chegasse ao analista com o trabalho das entrevistas preliminares concluído, pronto para iniciar a análise.

Posteriormente, Freud levanta a hipótese de o tratamento de Dora ter fracassado justamente por ela ter vindo à análise por imposição familiar, e não por reconhecer em si mesma um conflito, por não se questionar sobre um sintoma que lhe causava sofrimento. A partir daí, para Freud, a demanda de uma análise deverá incluir a responsabilidade do analisando que, diante de seus conflitos, sintomas e sofrimentos, busca mudanças.

Já no término do seu texto "Sobre o início do tratamento", Freud (1913), afastando-se do modelo médico da análise, situa a demanda na iniciativa de procura e no desejo do analisando:

"A força motivadora primária na terapia é o sofrimento do analisando e o desejo de ser curado que deste se origina" (p. 186).

Freud, nesta mesma obra, passa então a considerar a iniciativa do analisando e sua autonomia em relação aos familiares ou a quaisquer pessoas necessárias à eficácia terapêutica. Assim, para ele, a possibilidade de tratamento analítico ocorre quando o sujeito é o seu próprio senhor, e está, no momento, sofrendo de um conflito interno que é incapaz de resolver sozinho: leva, então, o seu problema ao analista e lhe pede ajuda. O sujeito procura então em um interlocutor a resposta para seus enigmas, imaginando, nessa busca, que o analista não só seria esse interlocutor, mas, também, que sabe sobre eles.

No entanto, o fato de um sujeito ser analisável não significa que possa ser analisado por qualquer analista.

Neste sentido, analisável seria a situação na qual se considera que a experiência analítica é capaz de possibilitar uma resolução do conflito interno – fonte do sofrimento psíquico e dos sintomas que assinalam o fracasso das soluções que o sujeito havia escolhido e considerado eficazes, até então.

Entrevistas preliminares: uma travessia

É esperado, portanto, que o entrevistando chegue com a expectativa de que a sua *cura* depende do saber do analista. A mudança de percepção que ele possa vir a ter depende muito do modo específico de escutar e de intervir do analista, capaz de propiciar ao analisando uma nova maneira de ouvir. É nesse ato de dizer que nasce no analisando outra forma de se ouvir, capaz de provocar-lhe vivências que, conduzindo-o a uma nova maneira de se escutar, levam-no a atribuir um novo sentido ao próprio discurso.

É esse novo sentido – buscado ao longo do processo analítico – que nas entrevistas preliminares adquire a função de redirecionar a demanda do entrevistando, podendo, assim, conduzi-lo a uma demanda de análise. Portadora do sentido de apelo a uma verdade, a escuta psicanalítica constitui-se, já nas entrevistas preliminares, instrumento fundamental do processo analítico.

2.
Da demanda por mandato à demanda em nome próprio

"Se utilizo propositadamente o termo experiência relacional para designar o que se desenrola no campo de nossa prática, é porque todo percurso que se queira psicanalítico exige e repousa, antes de mais nada, sobre a ordenação, por parte do analista, das condições permitindo a instauração, o desenvolvimento e o desenlace de uma experiência relacional, que nem o analisando nem o próprio analista poderiam fazer fora do respeito a essas condições. Algumas dessas condições deveriam ser respeitadas, qualquer que fosse a problemática do sujeito que divide conosco esta experiência; outras poderão ser modificadas em função da singularidade de suas histórias, de suas problemáticas psíquicas, de suas diferenças. Mas, em todo caso, sua escolha e aplicação visam a um único fim: permitir que o investimento da relação analisando-analista possa seguir um movimento, que chegará, no fim do percurso, a tornar possível ao sujeito o acesso a um leque relacional compatível com a singularidade de sua história e de seu desejo, mas liberado dos entraves que o haviam empobrecido até aquele momento, algumas vezes, impondo-lhe uma não escolha que consiste em fugir a toda relação ou a repetir incansavelmente uma única e mesma forma."

(Piera Aulagnier, *O interpretável e o interpretado*)[1]

[1] Tradução do autor.

Com frequência, o analista recebe em seu consultório pessoas que, embora sofram e peçam ajuda, pouco ou nada sabem a respeito da especificidade do trabalho analítico. Elas podem chegar por iniciativa própria ou encaminhadas por alguém que sabe do seu sofrimento. Não raro, esses analisandos em potencial relatam seus problemas ao analista sem que conheçam o papel da análise e a função do analista.

A ausência de uma demanda de análise por parte do potencial analisando está aqui sendo considerada uma demanda por mandato, ou seja, quando o sujeito procura a análise tendo um outro como suporte. Quando não há possibilidade de que ele se desligue desse mandato, a análise poderá transformar-se em um processo vazio, como as conhecidas análises fracassadas de adolescentes cujo mandato paterno predomina.

Embora saibamos que um processo analítico não se instaura quando é sustentado pela demanda de outro que não o próprio sujeito, isto não significa, obviamente, que o analista não possa receber aquele que o procura por meio de uma demanda que não seja própria. Assim, o analista não se restringe a atender em entrevista somente aquele que já chega com uma demanda em próprio nome. Ou seja, o analista não aceita receber somente aquele que vincula o sofrimento a um conflito inconsciente.

Por vezes, o sofrimento não é suficiente para que haja uma demanda, já que existe sempre a possibilidade de que o sujeito procure ajuda entre amigos, médicos, padres, pastores, pais de santo etc. Por outro lado, o sujeito em sofrimento pode procurar um analista e não uma análise. De fato, em muitos casos, ele está apenas seguindo o conselho de amigos, ou tomando a iniciativa de procurar tal analista porque considera que algum conhecido melhorou a partir do tratamento com ele. Essa hipótese nos permitiu estabelecer uma distinção entre dois tipos de sofrimento vivenciado pelo possível analisando: o primeiro, o possível analisando, não tendo consciência de que seu sofrimento está relacionado com um conflito interno, não se percebe participante da situação geradora do conflito; o segundo, o potencial analisando, porque consciente de que seu sofrimento está irremediavelmente vinculado a um conflito interno, aceita-se como partícipe da situação geradora do conflito.

Neste sentido, estamos considerando o conflito interno como um estado de sofrimento em que a consciência que dele o sujeito possa ter o torna participante da situação geradora do sofrimento. É sob essa ótica que, hoje, entendo a formulação proposta por Aulagnier quanto à adesão à hipótese fundamental da existência do inconsciente como a consciência da qual o potencial analisando deve ter do seu conflito interno.

É importante levarmos em conta a diferença que há entre a relação médico-paciente, apoiada principalmente na crença no saber diagnóstico e na eficácia terapêutica, e a relação analista-analisando, na qual o analisando possui um saber que lhe é subtraído e supõe um saber no analista.

Podemos imaginar que quando alguém decide procurar um analista é porque sente que seu equilíbrio psíquico sofreu algum abalo, provocando alguma ordem de sofrimento e porque está fazendo a suposição de que aquele analista possui as respostas para o seu mal-estar. Assim, este analista fica posto no lugar do que Lacan denominou *sujeito suposto-saber*.

Esta visão, apresentada por Silvestre (1991), indica de forma surpreendente que, na perspectiva do analisando, haveria uma implicação do analista no seu sintoma, uma vez que ele crê que o analista possui a resposta. Dessa maneira, desde o momento em que desliga o telefone, o analisando já estaria implicando o analista na sua demanda.

Esse autor afirma que o analista fica incluído no próprio sintoma, na medida em que para o analisando o analista encarna a resposta à sua questão. Para este autor, toda questão é mais exatamente uma resposta recalcada, que pode ser nomeada como um "saber em sofrimento", uma mensagem que permaneceria em sofrimento. Por outro lado, é uma mensagem sem resposta – atribuída ao analista pelo sujeito – que, por ter o seu percurso interrompido, o faz sofrer (p. 274-275).

Ao abordar essa questão, Freud formula a hipótese segundo a qual seria o analista aquele que recolocaria a mensagem em circulação desde o momento em que a mensagem chega a seu destinatário – o sujeito. Neste momento, o sintoma ou, mais precisamente, o sofrimento desapareceria, já que o sintoma, por designar um saber recalcado, seria o equivalente à interpretação – ou seja, à decifração.

Enquanto tradução de um saber recalcado, a interpretação jamais seria única e definitiva, uma vez que, por se dar sobre a conjugação entre conteúdo manifesto e conteúdo latente, ela acaba por transcorrer em uma espécie de deslocamento de palavras. Por exemplo, se em uma sessão de análise um analisando relata um sonho em que se vê voando, o analista, antes de se precipitar e interpretá-lo como aquele cuja vontade é distanciar-se da análise, deverá observar o processo associativo de palavras que conduz o analisando a ter acesso ao conteúdo latente que subjaz na imagem do voo. Sonhar que está voando tanto pode ser associado a uma vivência de liberdade, de realização de desejo sexual, quanto à de prisão, entre outros. Assim, aquilo que emerge do latente exigirá sempre uma contextualização, uma vez que não há relação natural entre o símbolo e o simbolizado, entre significante e significado.

Na medida em que exige um contexto no qual estão incluídos o vínculo transferencial e o relato do analisando sobre sua história, a interpretação não parece ser o instrumento adequado, no que concerne às entrevistas preliminares. Todavia, a interpretação não abrange o conjunto de intervenções que o analista pode utilizar. Se no processo analítico, o analista, já posto como objeto de transferência, será o provocador das vivências inconscientes do analisando, o mesmo não ocorre, necessariamente, nas entrevistas preliminares. No entanto, pode ocorrer que o analisando já chegue ao analista com uma transferência preestabelecida, às vezes por haver uma transferência idealizante sobre a pessoa que fez a indicação. Tudo indica que essas outras maneiras de *intervenção* sejam mais adequadas e eficazes do que a interpretação.

Cabe esclarecer que o termo "intervenção" refere-se mais a falas do analista que visam, por exemplo, fornecer encorajamento para que o potencial analisando expresse o que o leva a buscar a análise, dê continuidade ao seu discurso, e possa retificar aquilo que supõe ser a causa de seu sofrimento e relacioná-lo a um conflito interno.

O analista escuta, porém não concorda, não discorda, não julga. A sua escuta revela-se diferente de qualquer outra, pois a psicanálise não opera a partir da subjetividade do analista. Assim, os valores do psicanalista não devem ser parâmetro para julgamento, já que o propósito da psicanálise não é o de aconselhar nem o de julgar. Como vimos, a escuta do analista é portadora de um sentido de apelo a uma verdade, que obriga o analisando a interrogar-se sobre os motivos que o trouxeram ao consultório.

Neste sentido, a escuta do analista já é exercida desde as entrevistas preliminares, pois, se o entrevistando ainda é um potencial analisando, o analista, ao contrário, já deverá estar ocupando a sua função, o seu lugar. Ocupar o *lugar de analista*, sendo passível de ser objeto de transferência, significa manter-se "presente" e "ausente". "Presente", já que o analista é a mola propulsora da cadeia associativa, pois, como sabemos, não pode haver transferência em ausência. Se é possível dizer que a transferência perdura fora do *setting analítico* é porque antes já houve a presença. "Ausente", no sentido de não agir sobre o analisando a partir de conflitos ou de valores pessoais do analista. Nesse sentido, enquanto *lugar de transferência*, o analista passará a ser o significante-representante das vivências inconscientes do analisando por meio da cadeia associativa. Dessa maneira, os elementos do *setting* e o próprio analista podem desempenhar a função de *restos diurnos* – provocadores do inconsciente que é o objeto da psicanálise. Assim, a postura do analista será importante para provocar aberturas ou fechamentos do inconsciente.

Cabe lembrar que, do lado do analista, deve haver a *atenção flutuante* que vai de par com a *associação livre* demandada ao analisando, criando a *regra fundamental da psicanálise*, assim denominada por Freud.

Comentando sobre a associação livre (*Einfall*), Luiz Hanns, no *Dicionário comentado do alemão de Freud* (1996), ressalta que este conceito pode evocar a imagem de uma ideia que "despenca" na mente do sujeito, algo que lhe ocorre ou sobrevém (as ideias fluem para dentro do analisando). O termo "*Einfall*" remete a algo súbito e inesperado, tal qual uma ideia que ocorre (p. 273).

No seu trabalho "Sobre o início do tratamento", Freud (1913) aconselha aos seus analisandos a expressarem:

> Tudo o que lhes passe pelo espírito: conduza-se como se fosse um viajante que, sentado perto da janela de seu compartimento, descrevesse a paisagem por ele percebida a uma pessoa sentada atrás dele. Enfim, jamais esqueça

> vossa promessa de ser inteiramente franco, não omita nada daquilo que por uma razão qualquer lhe pareça desagradável de falar [...] (p. 94-95)

É o analista, posicionado em seu lugar, quem irá levar o potencial analisando a vincular a sua demanda de término de sofrimento a uma demanda de análise. Quando essa análise se inicia, o analisando começa a dar sentido à sua história vivencial, começa a ressignificá-la.

Assim, a clínica psicanalítica possibilita ao analisando, por meio da experiência do inconsciente, aproximar-se da sua singularidade. Embora nas entrevistas preliminares o conjunto dos recursos da técnica psicanalítica não seja utilizado em sua totalidade, a escuta psicanalítica deverá ser mantida e exercida, já que esse modo de escutar é determinante para propiciar a entrada do potencial analisando em análise.

O caso de "Monsieur M"

"Monsieur M" chega à entrevista com ideias já bem definidas sobre a causa de seus sintomas, usando uma teoria sobre a sua neurose, não dando lugar a associações livres, sem implicar-se[2]. Refere-se aos seus sintomas e inibições como causados pelo *abandono que sofrera na infância quando aos quatro anos nasceu uma irmã, e a uma educação muito severa*. Ele tinha cerca de cinquenta anos quando chegou pela primeira vez ao consultório

2 Embora Silvestre (1991) escreva que "[...] assim quando o analisante vê suas associações orientadas pela elaboração de uma teoria, que seria a de seu próprio inconsciente, resultaria imprudente rejeitar essas pesquisas chamando-as de 'racionalizações'", ele também escreve, muito apropriadamente, que "não existe técnica da psicanálise se não houver uma para cada tratamento" (p. 22).

com uma "demanda por mandato": vem a conselho de uma cunhada, que já tivera uma experiência de análise. "Monsieur M" reconhece viver muito em função da esposa e do filho. Em sua atividade profissional "não consegue ir mais fundo"[3]. Esta é a única frase que diz, colocando certo tom de insatisfação. Parece ser muito ligado aos pais, a quem telefona diariamente.

Até o nascimento do filho, dizia não gostar de criança, o que ele justifica pelo "abandono que sofrera na infância". Esta temática do "abandono" e da "rejeição" é trazida como uma espécie de refrão, sempre presente em seu discurso, sobretudo quando narra a infância que tivera em um colégio religioso, dirigido por um padre muito dominador e severo, a quem ele se submetia. O pai, caixeiro-viajante, foi descrito como ausente, o que lhe permitia ficar muito ligado à mãe. Simultaneamente a essas vivências, dizia sentir ciúmes do filho com a esposa, ao mesmo tempo em que relata cuidados dedicados ao filho, alegando assim querer *protegê-lo da rejeição da qual fora vítima*, sobretudo por parte do pai.

Se para "M" o seu pedido de ajuda justifica-se por um conjunto de acontecimentos que marcaram a sua vida, esse "saber" sobre si não garante que saiba o que vem a ser um processo psicanalítico. Efetivamente, nas entrevistas subsequentes, ele não se mostrava como sofrendo de um conflito interno, mas apresenta-se, sobretudo passivamente, como vítima dos personagens de sua história de vida e solicitando que o analista lhe desse conselhos – talvez como fazia o padre diretor, que lhe dizia como agir. As tentativas que fiz para implicá-lo naquilo de que se queixava, tinham como resposta um sinal de decepção, já que eu

3 Estas palavras foram retomadas depois, em outra ocasião durante a análise, relacionadas com sintoma de ejaculação precoce – "dificuldade em penetrar".

não lhe aconselhava sobre que atitudes tomar. Pensei, primeiro: ele se frustra porque não lhe respondo do lugar do *suposto-saber* (embora estivesse colocando-me neste lugar). Parecia que havia em "M" uma demanda de presença paterna, que ficou sem resposta. Pulsão sem resposta, em relação ao pai. Esses foram os primeiros sinais que percebi do movimento transferencial.

Na tentativa de estimulá-lo a associar livremente, peço-lhe para expressar o que lhe viesse à cabeça, sem selecionar. E eis que, em uma das entrevistas, "M" fala de lembranças ligadas à sua sexualidade infantil, dizendo: *Tive minha primeira ejaculação ligada a uma mobilete, que havia sido um presente do meu pai.*

Peço-lhe para falar mais sobre isso, ao que ele me responde: *Quando estava na mobilete, indo do colégio para casa, tive um pensamento erótico e gozei com a tremulação do motor...* E então silencia. Depois de certo tempo, digo-lhe: *E você lembra ainda quais foram esses pensamentos?* Ao que "M" responde: *Foram pensamentos ligados a um filme de capa e escada.*

Observo que ele comete um lapso quando diz *escada* em lugar de *espada*. Ele continua: *No filme eu pensava no decote de uma mulher...* Silencia novamente, e desta vez o silêncio é mais longo.

Digo: *Você falou escada em lugar de espada. Isso lhe diz alguma coisa?*

Com ar de surpresa, responde: *Sim. Na casa onde eu morava na infância, havia uma escada. Certa vez o meu pai chegou e me surpreendeu*[4] *olhando pela fechadura a empregada trocando de roupas e eu me tocando. Foi uma situação difícil! Eu havia prometido a ele que ficaria estudando. Saí correndo e subi a escada de quatro, para esconder-me. Eu, que sempre*

4 Penso que também o surpreendi quando apontei o seu lapso.

quis dar para ele uma imagem de menino obediente e estudioso! Mas dessa vez, não deu certo. Ele ficou furioso! E então silencia.

Falo: *Escada-espada*. Ao que ele responde, de pronto: *Espada é o pênis... Eu gozava sempre na mobilete, e dessa vez estava tentando uma coisa diferente [referindo-se à masturbação]. Até então, eu gozava sempre na mobilete.*

Digo-lhe: *A mobilete que você disse ter sido um presente de seu pai*. Ele diz: *O gozar, lembro, ficava sempre ligado à ideia de que alguém havia morrido em casa. À medida que eu ia me aproximando da casa, na mobilete, eu ficava imaginando: se as persianas da casa estiverem fechadas, é sinal de que meu pai morreu. Eu ficava aliviado quando via as janelas abertas.*

Digo-lhe, querendo indicar-lhe a emergência do inconsciente: *Dizer* escada *em vez de* espada *levou-o a que lhe surgissem ideias inesperadas*.

Se a transferência é uma experiência de amor ou de ódio, na relação analítica ela tem a particularidade de que somente se supõe que o analisando ame ou odeie[5]. Ao analista cabe o lugar de suposto amado ou odiado. Existe, portanto, na transferência uma dissimetria, já que o analista não cede às demandas de amor e de ódio do analisando.

Ainda em "O início do tratamento", Freud (1913) nos revela que "o paciente por si próprio fará essa ligação e vinculará o

5 Referindo-se à experiência da transferência-contratransferência entre Anna O. e Breuer, experiência que levou Freud a descobrir a importância da transferência no trabalho de análise, tornando-a um dos conceitos fundamentais da Psicanálise, Malvine Zalcberg (2007) lembra-nos que "Antes de Freud e Breuer ninguém realmente se interrogava sobre o querer-dizer do sintoma. Ou ainda, ninguém havia feito desta uma questão científica" (p. 5).

médico a uma das imagens das pessoas por quem estava acostumado a ser tratado com afeição" (p. 182).

Podemos dizer que a transferência começa no instante em que o analisando quer ocupar um lugar no desejo do analista, momento no qual se produz a alienação na transferência, ou seja, a alienação do desejo do sujeito no desejo do analista. O analisando coloca o seu analista na série das pessoas pelas quais foi amado ou na daquelas pelas quais deseja ser amado.

Freud, assegurando que somente depois de estabelecida a transferência é que uma interpretação pode ter efeito, sugere a não intervenção durante o período ao qual denominava tratamento de prova. Podemos dizer que uma intervenção do analista só irá operar como interpretação a partir do momento em que a transferência estiver estabelecida. Portanto, no momento em que o analisando coloque o analista no lugar do "suposto-saber". Ou seja, quando houver conferido ao analista o saber inconsciente – um saber sem sujeito.

"M" foi surpreendido. Senti esse momento como o de uma abertura do inconsciente. Ele já me havia colocado como objeto de transferência e passa a interrogar-se. Estabelecemos o contrato e começamos a análise.

Ao mesmo tempo em que o escutava da minha poltrona, a partir de seu lapso surgia-me toda uma cadeia associativa de pensamentos, como um filme que também se desenrolava: o filme de capa e espada é caracterizado, muitas vezes, pela disputa entre dois homens por uma mulher, em uma luta de espadas – "pênis". Pensei que quando o pai se afastava, deixava "M" com a mãe – objeto de disputa entre eles. Se havia no paciente o medo da castração, havia ao mesmo tempo o desejo de captar do pai a força e o poder. O decote evocado por "M" no filme estaria relacionado com os seios da empregada – deslocamento do objeto incestuoso materno, tentativa de troca de objeto de seu desejo sexual pela mãe por uma outra mulher? Todos estes pensamentos que me ocorriam, eu os colocava em suspensão, como bem manda a regra psicanalítica. Associação livre de um lado, atenção flutuante do outro, qual relação liga o trabalho efetuado nesses dois espaços psíquicos? Mas é, sobretudo, no transcorrer do processo de análise que irá brotar a direção do enredo do "filme" da neurose infantil de "M".

No entanto, nem sempre "Monsieur M" utilizava a regra da livre associação tão bem quanto o fez naquela ocasião. Em outros momentos, de modo resistente, ele preenchia suas sessões com o relato monótono de suas atividades diárias. Mas eis que, em uma outra sessão, novamente, ele voltava a poder associar livremente e era mais fácil de se fazer luz.

Como bem diz Michel Silvestre (1991), não é somente a transferência que funda a solidez de uma análise, "[...] é o convite feito ao sujeito a um livre exercício da palavra, ou seja, à regra fundamental que abre esse sujeito à livre associação" (p. 22).

O processo psicanalítico, com sua regra de associação livre, presta-se a estimular um movimento mais livre de energia psíquica, o que permite a formação dos rearranjos entre imagens e quantidades de energias. Neste sentido, os benefícios terapêuticos provenientes da psicanálise advêm das ressignificações que o analisando elabora sobre a sua história.

Enquanto *locus* das significações e ressignificações, o processo analítico viabiliza-se por meio de duas dimensões: a do analisando e a do analista. Além disso, o processo analítico reivindica tanto um falar quanto um escutar. No entanto, essas duas ações estão permeadas pelo silêncio: ora o do analista, ora o do analisando. Se no caso deste último podemos remeter o seu silêncio a um tempo de "recordar, repetir e elaborar", no analista esse silêncio é o que chamamos de uma espera atenta. Espera que, sem ser passiva, pode ser traduzida como a instigação silenciosa do inconsciente do analisando.

3.
Contrato analítico e entrevistas preliminares

"Penso estar sendo prudente, contudo, em chamar estas regras de 'recomendações' e não reivindicar qualquer aceitação incondicional para elas. A extraordinária diversidade das constelações psíquicas envolvidas, a plasticidade de todos os processos mentais e a riqueza dos fatores determinantes opõem-se a qualquer mecanização da técnica; e ocasionam que um curso de ação que, via de regra, é justificado, possa, às vezes, mostrar-se ineficaz, enquanto outro que habitualmente é errôneo possa, de vez em quando, conduzir ao fim desejado. Estas circunstâncias, contudo, não nos impedem de estabelecer para o médico um procedimento que, em média, é eficaz."

(Sigmund Freud, *Sobre o início do tratamento*)

Retificação subjetiva: uma mudança na demanda

No caso de "Monsieur M", podemos observar que sua *entrada em análise* foi provocada por uma fala do analista, apontando o *lapso* "*escada-espada*", o que provocou um deslocamento do motivo da demanda: de uma posição defensiva (quando traz uma história já montada) para outra, na qual é surpreendido por um *lapso* (formação do seu inconsciente, indicando o conflito edípico).

A partir daí, "M" entra em análise, passando também a assumir sua responsabilidade diante da própria história, inclusive quanto ao sofrimento que causa sua neurose.

Entendemos esse deslocamento do motivo da demanda como uma "retificação subjetiva"[1]. Nasio (1999), referindo-se às diferentes fases do tratamento, ressalta a primeira fase como a da *retificação subjetiva*, que ocorre durante as entrevistas preliminares. Particularmente, no fim da primeira entrevista e na seguinte, conduzimos o analisando a uma localização da sua posição na realidade que ele nos apresenta. Ele pode nos falar de sua realidade, inscrita em uma família, em um casal, em uma situação profissional. O que nos importa, principalmente, refere-se à relação que a pessoa que faz uma consulta mantém com os seus sintomas. É sobre esse ponto que intervirá o que chamamos de *retificação subjetiva* (p. 11-12).

[1] A expressão "retificação subjetiva" traduz a necessidade de o entrevistado modificar a sua relação com a demanda. Nasio (1999, p. 162) chama a atenção para o fato de que, embora a expressão "retificação subjetiva" não tenha sido empregada por Freud, este teve a "intuição do seu significado". Nasio lembra que Lacan extraiu essa expressão de Ida Macalpine (L'évolution du transfert, *Revue Française de Psychanalyse*, n. 3, tomo XXXVI, 1972, p. 445-474). Lacan, segundo Nasio (1999), encontrou em um dos textos de Freud sobre a transferência a ideia de "retificação", à qual ele acrescentou "subjetiva". Eis o que escreve Freud em "Traitement psychique (traitement d'âme)", publicado em 1890 (*apud* Nasio, 1999, p. 162): "A partir do momento em que os médicos reconheceram claramente a importância do estado psíquico na cura, tiveram a ideia de não deixar mais ao doente o cuidado de decidir o grau da sua disponibilidade psíquica, mas pelo contrário, arrancar-lhe deliberadamente o estado psíquico favorável, graças a meios apropriados. É com essa tentativa que se inicia o tratamento psíquico moderno."

Ainda para Nasio (1999), a transferência supõe que comecemos pouco a pouco a interferir, a nos introduzirmos no sofrimento do outro. "Só poderemos fazê-lo se entrarmos na cena, no roteiro, nos detalhes, na pontuação do discurso. É o que Lacan chama de '*semblante*', isto é, aquilo que desencadeia, abre, modula o discurso do analista, o que institui e inaugura, verdadeiramente, o discurso analítico. Assim, a demanda de cura feita no início da análise é substituída lenta e progressivamente por manifestações transferenciais" (p. 164, itálico de Nasio). E Nasio lembra o que diz Freud: "Essa relação, que por brevidade se chama transferência, logo toma o lugar, no analisando, do desejo de cura" (Freud *apud* Nasio, 1999, p. 164).

Trata-se, portanto, do sentido que o analisando atribui aos seus sintomas e sofrimentos. A tomada de consciência do entrevistando ou analisando de que ele participa da formação do seu sintoma permite-lhe mudar a relação com sua demanda, possibilitando retificar sua posição diante do sofrimento.

Encontramos em Freud o significado dessa retificação no momento em que conduz sua analisanda Dora a constatar que ela fazia mais do que simplesmente participar da grande desordem do mundo de seu pai, da qual ela se queixava. Freud indaga, então, a Dora: *Qual é a sua participação na desordem da qual você se queixa?* Esta pergunta, que se tornou clássica, sem dúvida pode ser dirigida a todo analisando nas primeiras entrevistas. Assim, Freud inaugura a histórica *retificação subjetiva*.

No caso de "Monsieur M", como parte ainda dessa alteração, inclui-se também a mudança no tipo de relação transferencial, até então apoiada na expectativa de que o analista iria oferecer-lhe soluções para suas queixas. Percebi que se inaugurava outro momento, agora explicitado pelo instante daquele ato falho. Ato que, indicando a especificidade que adquire a palavra em Psicanálise, questiona princípios básicos da linguagem, demarcando a fronteira que os separa. Como atividade que ocorre por meio da formação de cadeias associativas de diferentes impressões, a linguagem, em sua dimensão comunicativa, exige fidelidade a um código. Já na Psicanálise, é justamente na "quebra" dessa cadeia associativa que ocorre a ruptura do código, perfurando a fala em sua ação consciente. Assim, se do ponto de vista cognitivo o ato falho significa a ruptura do código, é percebido como erro, na perspectiva da Psicanálise ele constitui o momento em que uma ação consciente da fala é perfurada, permitindo que aflore do inconsciente o que lá se mantinha silente como não dito. Ato falho é, então, a falha no código linguístico, mas, ao mesmo tempo, a abertura de uma passagem que se oferece ao sujeito para a criação de um novo sentido, ou mesmo para a formação de sentido, possibilitando que uma nova cadeia associativa se estabeleça. Assim, o ato falho deixa de ser uma falha para tornar-se uma possibilidade de, a partir do sem sentido, do sem nexo, criar-se um nexo de importância e valor que será conferido, fundamentalmente, pelo próprio falante. Como instante de perfuração de uma ação consciente, o ato falho é uma das maneiras de "deixar falar" o inconsciente.

Assim, ao aceitar a pontuação feita pelo analista do *ato falho* "*espada-escada*", "Monsieur M" marcava o momento de ter havido não uma falha de linguagem, mas uma falha reveladora de uma verdade inconsciente. Verdade que desvendaria para o entrevistando novas possibilidades de interrogações a respeito do funcionamento de seu psiquismo, propiciando que ele se implicasse na trama dos conflitos que trazia. Se antes a causa de seus sofrimentos era imputada a um outro fora dele – abandono da mãe, a educação, a infância etc. –, agora, a esse mesmo sofrimento, é acrescida a participação de um outro dentro de si.

Se a transferência sustentava-se na demanda ao analista de conselhos capazes de solucionar seus conflitos, a partir de sua entrada em análise, a manutenção da transferência, mesmo desvinculada, em parte, das expectativas anteriores, indica uma idealização que o analisando passa a fazer do analista, colocando-o no lugar daquele que sabe a seu respeito. Esse novo lugar que o analisando delega ao analista revela a paradoxal relação que mantém diante do desejo de solucionar seus conflitos. A este respeito, Freud (1904) diz: "Temos constatado que os sintomas mórbidos são uma parte da atividade amorosa do indivíduo ou mesmo a sua vida amorosa inteira" (p. 59). Esta abordagem de Freud ganha importância fundamental, uma vez que "torna equivalentes sintomas neuróticos e maneira de amar" (Nasio, 1999). Essa equivalência encontra seu complemento quando Freud (1904) acrescenta que "[...] as próprias pulsões sexuais não querem de modo algum renunciar à satisfação que lhes dá o substituto fabricado pela doença". Como forma de redirecionar a relação de ambiguidade presente no analisando diante de seu desejo de cura, Freud sugere o caminho da criação de uma nova neurose: a neurose de transferência. Assim, a experiência analítica, por meio da análise da *neurose de transferência*, poderá apresentar-se como a saída possível para o sofrimento neurótico, fazendo da compulsão a repetir possibilidade de mudança psíquica.

O papel simbólico do contrato analítico

Para que haja um espaço no qual a experiência analítica possa ocorrer, é fundamental o aspecto simbólico do contrato analítico, teoricamente formalizado ao fim das entrevistas preliminares.

Esse contrato tem uma função, um valor simbólico cuja importância é a de romper com a preeminência do imaginário suscitada pelo fenômeno da transferência. Dessa maneira, um dos aspectos do contrato analítico é possibilitar a discriminação necessária ao desenvolvimento do processo analítico entre o imaginário (que anseia manter-se ignorando a diferença) e o simbólico.

O fenômeno da transferência favorece o estado de indiscriminação, tornando-se necessária a intervenção do analista no momento que ele achar apropriado, para que ocorra a discriminação. Por si só, o analisando não será capaz de romper com a "justaposição" de um acontecimento vivencial que tenha deixado uma marca inconsciente e uma cena analítica.

Quando o analista não se vale de meios que propiciem a discriminação, ele está fortalecendo uma relação imaginária. No entanto, a tendência a buscar a indiscriminação é inevitável, e isso independe do analista. A ele cabe manter-se no lugar daquele que irá demarcar os diferentes espaços, ainda que, ao olhar do analisando, ele se mantenha como aquele que pode vir a atender à demanda primária de completude.

No seu fazer clínico, o analista é questionado, de modo singular, por cada analisando, a ocupar o *lugar de analista*, já que ocupar este lugar não é uma coisa natural.

A partir do momento em que o analista, em sua função, escuta uma pessoa, ele não mais dispõe da sua pessoalidade. Neste momento, podemos nos perguntar o que passa a ser o analista. Freud respondeu que o analista se torna um "instrumento", acrescentando não ser fácil tocar o "instrumento psíquico". Prosseguindo nessa metáfora, Patrick Miller (2001) ressalta que "seria mais adequado pensarmos no aparelho psíquico transformado em uma harpa que vibrasse às palavras e à voz do analisando" (p. 9). Acrescenta ainda que, durante a sessão, embora o analista possa sentir ódio, amor, desejo, raiva, chateação, alegria etc., não deve manifestar os seus afetos. Diz ele: "A neutralidade não consiste em não ser afetado, mas em não deixar que aquilo que se sente prossiga seu caminho 'natural' na via da descarga interna e na dinâmica da troca intersubjetiva" (p. 15)[2]. Para este autor, no lugar de agir ou de reagir a partir da descarga de afetos, o analista deverá se esforçar para continuar a sentir, sem parar de pensar, suspendendo, tanto quanto possível, a via da descarga.

[2] Tradução do autor.

Ou seja, a força desses afetos no processo analítico não deveria ser abafada, pois se situa na origem da transformação psíquica.

Assim, para P. Miller, a abstinência faz parte do próprio princípio da dinâmica do tratamento; ela não é um estado, mas um movimento psíquico "que resulta de um constante trabalho de regulação e de transformação das pulsões que o analista impõe ao seu aparelho psíquico" (p. 17).

Sob esta perspectiva, o analista deveria aplicar a si mesmo o que Freud (1915c) ressaltou, no seu artigo "Observações sobre o amor de transferência", no que concerne ao analisando, que: "satisfazer a necessidade de amor é tão desastroso quanto abafá-la" (p. 218).

Se podemos afirmar que o sustentáculo do processo analítico é a transferência, não é facultado ao analista concluir que todos os pensamentos e atos advindos do analisando estejam referidos diretamente à sua pessoalidade. É como objeto de transferência que o analista poderia ser igualado ao que Freud (1912), em "Totem e tabu", denominou esfinge: depositário daquelas imagens que, fruto das vivências do analisando, se valem do analista-esfinge, tornando-o objeto de suas imagens que urgem por expressão.

É a partir da instauração da transferência – propiciadora dos diferentes processos de simbolização – que se tornam viáveis os vários arranjos de uma mesma história do sujeito. História feita por meio de marcas para sempre inalteráveis, mas que não se furtam aos inúmeros rearranjos propiciadores de diferentes histórias que, tendo como personagens, em geral, o pai ou a mãe da infância, permitem que a cada novo arranjo surja um novo atributo.

Permanecer no lugar de esfinge, ou seja, ser tudo, mas não ser nada. Isso quer dizer que o analista se presta a ser "vazio" de si próprio, podendo ser preenchido pelo analisando com as mais diversas imagens. Estando a escuta do analista marcada pelo lugar que o posiciona – lugar do simbólico –, seus pressupostos teóricos estarão presentes mesmo que em estado de "suspensão", quando a teoria, embora não determinando a escuta do analista de maneira apriorística, ali está servindo de filtro.

Portanto, ter como pressuposto que o lugar de analista contenha uma escuta "dessubjetivada" significa que o ocupante desse lugar tenha abandonado seus anseios quanto ao que o analisando deveria ser, podendo, assim, escutá-lo por meio do seu dizer e daquilo que esse dizer revela. É, então, no *a posteriori* de um *acontecimento vivenciado* no interior da cena analítica que o analista deve lançar mão da interpretação, na qual o ato interpretativo se faz "na transferência".

Dessa forma, podemos conceber a neutralidade do analista como a capacidade de tratar e utilizar a própria realidade psíquica de uma maneira relativamente impessoal em que o analista se deixa "usar" pelo analisando enquanto objeto de transferência, para, no momento considerado adequado, retirar a máscara do personagem que lhe havia sido posta pelo movimento transferencial do analisando.

Assim, o analista, enquanto *faire semblant*[3] está longe de um "jogo de fingimento", como sugere a tradução "fazer de conta". Se há um "fazer de conta" ou um "fingir", estes estão próximos de algo que a Grécia Antiga nos legou: o jogo de máscaras. Máscaras que, no dizer de Jean Pierre Vernant (1988), possuem uma função reveladora, pois "[...] o que a máscara de Gorgó nos permite ver, quando exerce sobre nós o seu fascínio, somos nós mesmos no além [...] esta face mascarada de invisível que no olho de Gorgó revela-se a verdade de nosso próprio rosto" (p. 106).

[3] Expressão cunhada por J. Lacan.

Talvez a máscara, no processo analítico, tenha uma função reveladora da realidade psíquica do analisando. Retrato da circunstância psíquica, retrato de um momento no qual vivências inconscientes irrompem, surpreendendo tanto o analisando quanto o próprio analista. Máscara que, ao clamar por acolhida e reconhecimento, denota a expectativa do analisando de que daquele pequeno lugar onde se instaura a cena analítica possa ter respostas para o seu sofrimento.

Se esse jogo de máscaras se fez necessário no mundo antigo – e hoje aqui o retomamos –, é porque ele carrega consigo um dos conflitos básicos do homem: a ilusão e a desilusão de ideais. É nesse percurso pontilhado por um sucessivo colocar e tirar de máscaras – no qual cada uma delas revela uma verdade – que o analisando, vendo-se na máscara que ele próprio colocou no analista, poderá concluir que o próprio do ideal é ser inatingível. Nesse sentido, as máscaras utilizadas pelo analista são aquelas provocadas e instigadas pelo próprio analisando, e que o fazem acreditar poder cada máscara responder à sua verdade.

Por outro lado, o *faire semblant* não significa que o analista negue o que ele possa vir a sentir em relação ao analisando. Essa tomada de consciência do analista: "sou eu quem sente mas não sou eu que é visado", deverá chegar a ele como interrogação "o que sinto e no lugar de quem?" (Miller, 2001, p. 20).

A evidência do que é sentido, constantemente submetido a uma suspensão de atribuição e de propriedade, adquire uma dimensão outra, um distanciamento, permitindo a dinâmica do jogo simbólico. Quando, ao final de cada sessão, o analista assinala esse término, ou quando, também no final de cada sessão, ou de cada semana ou do mês, o analisando é surpreendido com um "você me deve tanto", trata-se de uma maneira de romper com a relação de pensamento imaginário, de romper com o que podemos chamar de colagem – justaposição entre duas imagens –, de possibilitar que se mantenha a dimensão simbólica.

Nesse sentido, no que se refere ao contrato analítico, é importante ter-se em mente que o mesmo se sustenta na consciência que o analista deve ter de seu lugar. Por ocupar o lugar do simbólico, o analista é um anunciador de limites, podendo ser visto como se fosse uma lei. Lei para quem está se sentindo perdido ou para quem vive um conflito vinculado a limites.

A identidade do psicanalista, entretanto, deve estar marcada pela elaboração de que psicanalisar significa, antes de tudo, lutar contra as seduções do encontro, sendo o analista capaz de interessar-se e permanecer disponível no processo analítico como objeto de transferência, sem, contudo, ceder às demandas do analisando de estabelecer um compromisso defensivo destinado a manter-se em uma relação de dependência em que o seu desejo se aliena.

Assim, "conduzir-se como psicanalista é ser capaz de desenvolver um modo específico de funcionamento mental que não nos é natural, e para o qual nos prepara nossa análise pessoal" (Widlöcher, 1979, p. 64)[4].

O analista, ocupando o lugar de analista, deverá saber que está envolvido na tarefa de tecer com o analisando uma nova narrativa para a história deste.

Sendo objeto de transferência, ao analista cabe operar no campo transferencial de forma a possibilitar uma mudança psíquica no analisando. Pois, a história deste, que compulsivamente é repetida na transferência, e a teoria em "suspensão"[5] é que irão balizar o fazer

4 Tradução do autor.

5 O termo "suspensão" está sendo adotado na acepção de suspender do processo analítico qualquer conhecimento cognitivo que o analista possua, para evitar tomar a teoria como um modelo a ser aplicado no exercício da clínica.

analítico. Trata-se, pois, de uma relação de tensão. Tensão "entre" analista e analisando, na qual vigora uma dissimetria necessária ao processo analítico[6]. Portanto, o *acontecimento vivencial* do analisando não esgota para o analista o processo analítico.

O desenrolar do processo analítico exige um *setting* analítico: espaço onde se estabelece um jogo de posições que envolve analista e analisando. Nesse jogo, porém, o único que efetivamente deve ter uma clara posição, um lugar definido, é o analista, já que o analisando, com frequência, busca a análise justamente por não conseguir ocupar um lugar a ele conferido. Supõe-se que aquele que procura uma análise está, inconscientemente, buscando uma relação já perdida, na qual predominaram os ideais do ego ideal – uma relação de completude.

Se Freud chamava frequentemente o tratamento psicanalítico de "cura" (*die Kur*) – a cura psicanalítica –, a cura que concerne à Psicanálise é a cura do desejo. Fazendo uma pertinente analogia entre a cura psicanalítica e a cura do queijo, Herrmann (2005) comenta que "[...] curado, um queijo torna-se plenamente queijo daquela espécie". Assim, enfatiza que a cura na análise é a cura do desejo. Nessa acepção de cura, diz Herrmann, "podemos compreender a cura analítica como poder chegar à sua potencialidade, nem mais nem menos: já se vê que não se trata de erradicar alguma coisa da personalidade, mas de sazonar, amadurecer, desenvolver, palavras equivalentes a cura". Curado, diz Herrmann, o homem cuida de seu próprio desejo. Curado, o homem habita o desejo próprio, "não descura, não deixa de tomar cuidado com ele". Com isso,

[6] Estamos aqui defendendo uma concepção da análise baseada não em uma relação dual e imaginária, que se passaria entre o eu e o outro, mas em uma relação ternária que inclui o inconsciente enquanto terceiro presente-ausente (o Outro simbólico).

> [...] aprendemos que quando a gente tenta curar algo ou alguém, com critérios de uma outra coisa, de uma outra pessoa, de uma outra cultura, ou simplesmente de outro grupo social, o nosso, por exemplo – gostaria que meu paciente ficasse como eu imagino que sou –, o resultado pode ser catastrófico: pode-se curar de menos, pode-se curar de mais, no sentido do queijo, e pode-se curar errado, que é o pior de tudo, ou seja, dar uma direção completamente alheia ao sentido do desejo (p. 121).

Para Aulagnier (1973), se imaginamos o tempo que é necessário para que se opere um trabalho psicanalítico, é possível formular uma primeira resposta: o tempo será função da aptidão do analista em investir na escuta, qualquer que seja o conteúdo da sessão. O que não quer dizer que toda sessão deva e possa suscitar um interesse idêntico, mas que toda sessão deve ser escutada, recebida pelo analista como objeto a interrogar como questão o que não terá jamais uma resposta unívoca ou manifesta.

No processo de cura do analisando, espera-se que o analista cumpra a sua função de catalisador do encontro que o analisando deverá fazer consigo mesmo, tornando-se o que é.

4. Demanda ilimitada e os limites da psicanálise

Em "Além do princípio do prazer", Freud (1920) nos diz: "A matéria quer morrer, mas à sua maneira" (p. 57). Assim, ele nos leva a compreender que a matéria não quer morrer, mas viver sem limites. Portanto, viver regida pelo princípio do prazer.

Esse paradoxo constitui o permanente dilema ao qual o homem está submetido: por um lado, como toda matéria, anseia por viver; por outro, anseia por viver sem limites. É neste sentido que Freud nos diz que há no homem uma tendência à inércia, ao repouso. Mas ele também nos lembra que se trata de uma tendência a um anseio inatingível, uma vez que, se alcançado, significaria a morte. Se esse anseio permanece, sua realização não ocorre, pois não é compatível com o estado de vida. Somente quando nos encontramos interditados, limitados, é que podemos aspirar ao ilimitado.

O percurso do Édipo poderia ser visto como um exemplo desse paradoxo, uma vez que ele busca o ilimitado – o prazer total –, enquanto a vida só está garantida quando se confronta com o limite: a castração.

Como percurso da castração – durante o qual não é oferecida qualquer possibilidade de escolha –, a tragédia de Édipo revela que o limite e a castração são determinados por outrem, já que o processo de construção do Sujeito é, primordialmente, a submissão a uma lei interditora externa.

Sob essa perspectiva, a tragédia de Édipo nos apresenta uma dimensão mais abrangente, permitindo pensar o conceito de complexo de Édipo para além da relação da criança com os pais, estabelecendo, ao mesmo tempo, como eixo central, o submetimento a uma lei. Lei que, por ser interditora, torna-se a condição básica para que possamos referir-nos aos agrupamentos humanos.

A formação dos primeiros agrupamentos tem sido explicada tanto pelas diferentes teorias (antropológica, sociológica) como pela mitologia. Nessas várias perspectivas, encontra-se, em geral, ressaltado, pelo menos, o caráter triádico da interdição, pois não há como falar de família sem partir, no mínimo, de três termos: pai, mãe e filho. No entanto, persiste o anseio de viver fusionado, a resistência a reconhecer a existência de um terceiro, cujo objetivo é discriminar mãe e filho. Tomando como referência essa relação triádica, podemos pensar a teoria do complexo de Édipo a partir de uma base lógica segundo a qual seria necessária a existência de leis para que três elementos se organizem.

Na tradição da Grécia Antiga, Hesíodo narra, na Teogonia, o momento em que Gaia (Terra) engendra o seu primeiro rebento, Urano (Céu). Indiferenciados, Urano fecunda sua mãe, Gaia, e gera assim os titãs, os cíclopes, e trezentos gigantes com cem braços. Temendo ser destronado por um dos filhos, Urano esconde a prole nas profundezas da Terra (Érebo). Com a cumplicidade do filho caçula, Cronos (Tempo), Gaia vinga-se de Urano, oferecendo ao filho uma foice para que este cortasse o sexo de seu pai quando nos seus braços ela estivesse. Após atender ao pedido da mãe, Cronos vê surgir do mar a espuma (esperma) que, borbulhante, anuncia o nascimento de Afrodite – a nascida do esperma. É ela, pois, que é consagrada como traduzindo "o amor do pênis".

A partir desse momento, Céu e Terra estão inexoravelmente separados. Hesíodo acrescenta em sua narrativa que inevitável será, também, a partir de então, a proibição de casamentos entre mães e filhos. Com o auxílio de Cronos – o terceiro propiciador da discriminação entre Céu e Terra –, abre-se um novo percurso, que culminará, por meio da linhagem de Zeus, no aparecimento dos mortais. Submetidos à temporalidade que circunscreve o homem na sua dimensão finita, surgem, na perspectiva mítica, os chamados agrupamentos humanos.

Podemos dizer que, de maneira análoga ao mito, a tragédia de Édipo traz também uma estrutura triádica que se revela quando Édipo fura os olhos. Nesse momento – equiparado à perda da onipotência pela via do olhar –, Édipo é forçado a reconhecer o seu lugar de filho e de pai.

Na carta a Fliess – de 15 de outubro de 1897 –, Freud comunica sua descoberta acerca da tragédia de Édipo, ao escrever:

> O mito grego coloca em evidência uma compulsão que cada um reconhece por haver percebido em si mesmo as marcas de sua existência [...] Mas a lenda grega captou uma compulsão que todos reconhecem porque todos nós a vivenciamos. Cada ouvinte foi, um dia, em germe, em imaginação, um Édipo, e se espanta frente à realização de seu sonho transportado para a realidade, ele treme seguindo todo o tamanho do recalcamento que separa seu estado infantil de seu estado atual (Freud, 1897, p. 271).

Ao analisar a tragédia de Édipo e Hamlet como uma fantasia ou um sonho, Freud ressalta que tanto no sonho como no mito – esse conjunto de regras que ordenava, para os antigos, o destino humano – encontramos uma mesma função simbólica. Em "A interpretação dos sonhos", sob o título de "A morte de pessoas queridas", Freud retoma e desenvolve o conteúdo da carta de 15 de outubro, ao afirmar as vinculações entre mito, sonho e fantasia.

A partir de então, Freud não mais hesita em oferecer análises que corroboram a ideia segundo a qual tanto o mito como o sonho – da mesma forma que as fantasias – seriam realizações de desejos.

Desde essa primeira articulação, Freud faz referência à tragédia de Édipo como estando para além da história e das vivências individuais; assim, ele afirma a universalidade do complexo de Édipo. Esta perspectiva torna-se sustentável na medida em que Freud atribui a eficácia do mito à sua instância interditora – proibição do incesto –, aquela que limita o acesso à satisfação inevitavelmente procurada. Assim sendo, Freud não apenas vincula de forma radical o desejo à lei, como também o caráter estruturante do desejo, expresso na tragédia de Édipo e presente em todos os homens.

Para Anzieu (1989), o sonho figuraria o corpo da mãe – lugar de realização originária dos anseios da criança. Assim, o sonho, enquanto realização de desejos – isto é, vinculação entre uma imagem e uma sensação –, propiciaria vivenciar simbolicamente esse corpo para sempre perdido.

Contudo, a apreensão e a compreensão dessa vivência exigem um confronto com a impossibilidade de reaver concretamente esse corpo. Sob essa ótica, podemos compreender melhor a importância da descoberta de Freud de que todo homem estaria, como Édipo, sentenciado a repetir. Na concepção freudiana, o homem possui o desejo atávico de completude e de indiferenciação.

Desejo fadado à não realização, uma vez que a mãe concreta jamais poderá suprir o que é ansiado: um estado de fusão com a grande mãe Gaia, tal como, no mito, ocorreu com Urano.

Todas essas considerações nos servirão de subsídios para a reflexão sobre o que o demandante de análise vem buscar e sobre aquilo que a experiência analítica poderá oferecer-lhe.

O neurótico que geralmente nos procura é aquele que não aceita a troca já realizada e irreversível entre os ideais do *ego ideal* e o *ideal do ego* – ideais da cultura.

Embora o conceito de *ego ideal* possa ser depreendido do texto freudiano, aceitamos a definição fornecida por alguns autores que o conceituam como uma formação intrapsíquica, na qual predomina o ideal de onipotência narcísica, forjado sobre o modelo do narcisismo infantil. Para Lagache (1958, p. 41-42), por exemplo, o *ego ideal* é concebido como um ideal narcísico de onipotência que comporta uma identificação primária a um outro ser, investido de onipotência – ou seja, à mãe. Já para Lacan (1958, p. 133-146), o *ego ideal* é também uma formação essencialmente narcísica que encontra sua origem no "estágio do espelho", e pertence ao registro do imaginário.

Portanto, aceitar a troca dos ideais do *ego ideal* pelos ideais do *ideal do ego* é dizer que o objeto materno, enquanto objeto do desejo incestuoso, já foi renunciado. Nesse caso, o sujeito, mesmo sob conflito, já estaria interditado; já estaria, mesmo sem o saber, submetido à castração simbólica.

Entretanto, o que o faz sofrer-gozar é justamente a produção de sintomas que expressam a sua resistência em aceitar esse lugar. Sob esse enfoque, a análise não seria buscada pelo sujeito com o objetivo de fazê-lo aceitar a interdição à qual já fora submetido. Em geral, o sujeito que busca análise o faz movido pelo anseio inconsciente de que a análise o faça voltar a uma suposta indiscriminação.

O ser humano busca prazer mesmo na realidade. Entretanto, só é possível a aceitação do princípio de realidade – portanto, da castração – porque se encontra no âmbito da própria realidade aquilo que fornece prazer. Freud diz que para que o *ego ideal* renuncie ao ideal que ele criou e passe a aceitar o ideal que a cultura lhe oferece, esse ideal da cultura tem que conter a promessa de algo melhor, de algo forte; tem que gerar a crença na possibilidade de prazer.

Os ideais que o *ego ideal* criou são voltados para si próprio, onde o prazer buscado no próprio órgão vincula-se à fantasia de possuir a mãe só para si. Os ideais do *ego ideal* são abandonados quando, devido aos ideais do *ideal de ego,* é acenado algo que se apresenta como sendo muito mais prazeroso (ao menino, por exemplo, são acenados a força, a virilidade, o poder do modelo paterno). É nessa passagem que irão se revelar as várias organizações psíquicas.

Em termos psicanalíticos, seria o mesmo que dizer que só podemos obter a totalidade dos nossos anseios por meio dos ideais do *ego ideal*. Porém, tal constatação só será exequível quando já tivermos aberto mão do anseio de totalidade, estando irremediavelmente submetidos aos ideais do *ideal de ego*. Assim como Édipo, que somente em Colono pôde reconhecer que suas aspirações não poderiam ser realizadas, só podemos reconhecer a impossibilidade de realizar o todo a que aspiramos quando já estamos submetidos ao princípio de realidade.

Nesse sentido, quando ocorre a permuta em benefício dos ideais do *ideal do ego*, não significa que o ideal do *ego ideal* tenha desaparecido; ele foi apenas recalcado. Quem vem buscar a análise está em conflito com a troca irreversível já realizada. Tal conflito é o que geralmente traz o neurótico ao analista.

Assim, embora a psicanálise não possa acabar com a fonte que gera esse sofrimento, poderá contribuir para administrá-lo: trata-se da nostalgia deixada pela "escolha" irremediavelmente já feita entre os ideais do *ego ideal* e os ideais do *ideal de ego* – troca entre os prazeres adquiridos por meio do narcisismo primário e as "promessas" oferecidas pelo mundo da Cultura. Nostalgia proveniente, não raro, de um confronto face à "escolha" feita, um impossível "querer voltar atrás". Para alguns, administrar esse confronto pode significar uma crise transitória; para outros, uma crise em que a impossibilidade de coexistir com aquela "troca" conduziria a um tal grau de desestruturação que a análise passaria a se apresentar como uma das poucas possibilidades de busca de solução.

Essa nostalgia, proveniente do que foi "perdido", propiciaria ao homem uma vivência que alguns autores chamaram de "desamparo", e que aqui estamos chamando de sofrimento existencial. Sofrimento que, acompanhando o homem por toda a vida, será vivenciado por cada um de forma diferente. Embora *per se* esse sofrimento existencial não justifique a busca de análise, não deixa de ser um dos seus principais móveis, mesmo para aqueles que um dia já viveram tal experiência.

Freud (1937), em "Análise terminável e interminável", discute essa questão ao afirmar que, se o processo analítico é interminável, isto se deve, em parte, ao fato de o ser humano continuar a se confrontar pela vida afora com aquilo que a ele volta como estranho. Esse estranho que volta é essa primeira relação de *ego ideal* recalcada – perdida para sempre. É o estranho familiar, o *Unheimlich*. O estranho, escreve Freud, "[...] é aquela categoria do assustador que remete ao que é conhecido, de velho, e há muito familiar" (p. 277). Daí o sentimento – inerente ao homem – de estar abandonado. A patologia se dá justamente quando o sujeito encontra-se impossibilitado de lidar com as sensações provocadas por essa vivência de abandono. Por seu turno, a análise se revelaria interminável, uma vez que ela não seria garantia para a eliminação dessa sensação, até porque esta não se faz eliminável, nem asseguraria a possibilidade de permanente administração do sofrimento decorrente do irromper do "estranho", o "sinistro". Irromper que, trazendo a implacável sensação de retorno ao mesmo ponto, conduz justamente para o mesmo "lugar", para a mesma "situação" da qual estamos fugindo. Talvez por jamais termos saído do mesmo lugar, daí a sensação de estranhamento, sensação de familiar não familiar, sensação deixada pela excessiva proximidade: tão próximo que se torna intangível.

Para defender-se desse estranhamento – daquilo que provoca o sinistro, o contato com o familiar não familiar –, o homem cria uma defesa que é corpo estranho, indicando sua aceitação aos ideais da Cultura. É, pois, no confronto com os ideais da Cultura que ocorre o impacto, gerando uma imensa vontade de voltar à situação de *ego ideal*, cuja impossibilidade passa a ser responsável pelo que constitui o sofrimento neurótico. O homem, nessas condições, vive, então, um perpétuo estranhamento em relação àquilo que aceitou.

A linguagem como limite

"Chega mais perto e contempla as palavras.
Cada uma tem mil faces secretas sob a face neutra
e te pergunta, sem interesse pela resposta,
pobre ou terrível, que lhe deres:

Trouxeste a chave?"
(Carlos Drummond de Andrade, *A rosa do povo*)

Na terceira entrevista preliminar, o analista recebe Nicole com alguns minutos de atraso. Esta não faz qualquer alusão ao fato. Senta e nela perfilam sucessivas imagens cuja tônica é o lamento. Queixa-se de que o analista não lhe havia respondido a perguntas que fizera na sessão anterior. Em seguida, tece comentários sobre o desinteresse do analista em relação à sua pessoa. Ao mesmo tempo, ela se pergunta até que ponto tudo isso não seria um indicador de que o analista não deseja prosseguir seu tratamento, dispensando-a. Na entrevista seguinte, ela esquece o cinto na sala de espera. Quando retorna, na entrevista seguinte, encontra o cinto sobre uma mesa. Ao entrar, exclama: *Ao chegar em casa, dei-me conta de que havia esquecido meu cinto aqui*. Retira o cinto da mesa e menciona que havia sonhado com um tio. Acrescenta que esse tio desempenhava um importante papel em sua vida, uma vez que assumiu a função paterna desde que seu pai morrera. Sem se prender ao relato do sonho, conta que, ainda criança, insistira em acompanhar o tio em uma viagem aérea. Em meio à viagem, ele passa mal, vindo a enfartar e, em seguida, morrer. *Eu estava sentada ao seu lado quando ele desmaiou. Lembro-me da comissária desatando os nossos cintos e levando-me para os fundos do avião sem que eu soubesse exatamente o que ali se passava*. Faz uma pausa e diz: *Eu era "amarrada" nesse meu tio*. O analista pontua, evocando a imagem do cinto que ali ela esquecera. Naquele momento, a analisanda se emociona e chora. Entre pranto e palavras, diz: *Talvez por isso eu tenha tanta facilidade para viver sempre à iminência do abandono*.

Nessa sequência de cenas ressalta a surpresa, pois em nenhum momento houve uma intencionalidade no atraso do analista, nem a negação de tal ocorrência. Portanto, se o atraso surpreendeu a analisanda, sendo o móvel de uma cadeia associativa, não deixou de surpreender o analista, ao constatar que um atraso, que não fazia parte de qualquer estratégia que beneficiasse uma técnica, produziu um efeito seguido de tais desdobramentos. Ao lado disso, não deixa de ser surpreendente a magnitude do efeito causado por um atraso que, se pensado em termos cronológicos (cinco minutos), poderia ser irrelevante.

O atraso do analista provocou na analisanda as várias vivências de perda, abandono e morte. Diante dessas ameaças, nas quais passava a ser incluído o analista, a analisanda comete um ato falho, deixando-se presente por meio do cinto. Cinto que a manteve "amarrada" ao tio-analista. Amarração que somente pôde ser elaborada no momento em que verbaliza a morte do tio na cena analítica. A expressão verbal propiciou-lhe, por meio de uma vivência diferenciada, a simbolização pela qual se tornou possível distinguir o seu pensamento imaginário que, por meio da transferência, fundia a figura do tio à do analista, encontrando ao mesmo tempo, na cena analítica, não só o *locus* dessa vivência, mas o anteparo à dor, que embora abafada e aprisionada, esperava pelo "ritmo que a libertasse", no dizer do poeta Mário Quintana (1977). A força libertadora da palavra vibra melhor quando dita por seu poema "Emergência":

> Quem faz um poema abre uma janela.
> Respira, tu que estás numa cela abafada,
> esse ar que entra por ela.
> Por isso é que os poemas têm ritmo –
> para que possas, enfim,
> profundamente respirar.

Quem faz um poema salva um afogado (p. 12).

O analista, por experiência – já que um dia também foi analisando –, não ignora que situações como férias, atrasos, reajustes de honorários, impossibilidades de atender, ou mesmo uma troca de horário, provoquem mobilizações nos analisandos. O que surpreende é a maneira singular pela qual a história de cada um é evocada. O analista não teria razão para se sentir totalmente surpreendido face a reações de um analisando que, ao longo do processo analítico, tem reativadas suas vivências de perda. Porém, o que surpreende, e certamente o surpreenderá sempre, é a maneira singular pela qual cada analisando irá apresentar essa reação. Surpresa que jamais será abolida, pois não há como o analista prever por meio de qual situação a história de cada analisando será evocada. Não há, portanto, uma fórmula capaz de estipular o modo de o analista proceder nessas situações. O que não quer dizer que este, sabendo que tais circunstâncias são mobilizadoras, não corra o risco de estabelecer uma relação calcada no seu próprio pensamento imaginário, antecipando-se com interpretações antes de o elemento surpresa ser expressado pelo analisando.

O analista, de posse do sistema linguístico, poderá escutar o que do signo é emitido pelo seu analisando e, ao mesmo tempo, a maneira como a ordem do signo é por ele rompida[1]. Na fala, o signo e o significante se cruzam. Tal cruzamento só poderá ser desfeito por aquele que conhece o código da língua. Como Freud nos lembra no texto sobre "As afasias" (1891), o processo primário, formado de imagens tácteis, visuais e acústicas,

1 No exemplo relatado, podemos visualizar melhor a relação entre signo e significante. O signo "*cinto*" é formado da imagem genérica de um cinto (significado) e da camada acústica (significante) da palavra "*sinto*", que se confunde com o signo "*cinto*".

não está regido por qualquer codificação. Somente no processo secundário ocorre o processo de codificação entre imagem acústica e imagem visual, que Freud denomina imagem de palavra. Portanto, dizer que o analista ocupa o "lugar do simbólico" é dizer que sua escuta deverá ocorrer por meio do seu processo secundário, pois somente assim ele pode reconhecer as imagens do analisando emanadas do processo primário, posto que, se o analista estiver apenas com seu processo primário ativado, não terá como reconhecer o processo primário que surge do analisando por meio dos atos falhos, lapsos, sonhos, entre outros.

Impedir que a cena analítica seja movida pelo pensamento imaginário do analista é, antes, garantir a função de analista. Caso, pois, predomine no processo analítico o pensamento imaginário do analista, este, fora de sua função, fica indiscriminado de seu analisando, enquanto o suposto processo analítico passa a ser norteado pelos modelos idealmente concebidos pelo "analista". Modelos que, por vezes, trazendo o ideal da mudança e da transformação, revelam que o analista almeja, para si e para o analisando, o impossível. Somente livre do modelo imaginário pode o analista aceitar e lidar com os limites intrínsecos a qualquer mudança. Como sabemos, as mudanças ocorrem no interior de uma história já vivida, ficando assim implicada e condicionada às possibilidades oferecidas pela realidade psíquica do analisando.

"Um navio não é um navio"

Certa vez, outro analisando, ao ouvir a palavra "navio", vinculou-a a uma situação de abandono e morte: quando ainda garotinho, disse ter sido abandonado pelo pai, que havia viajado para outro país em um navio, vindo a falecer durante esta viagem.

Podemos dizer que, no âmbito do processo primário, ter-se-ia formado uma cadeia associativa na qual a palavra "navio" ultrapassou a codificação significado-significante e a consequente significação conferida ao termo "navio". O significante "navio", para o analisando, foi imediatamente associado à vivência de abandono e morte, à qual poderia também ser acrescida a vivência de culpa.

Freud insiste em atribuir à recordação uma eficácia, já que sua expressão se dá por meio de uma palavra plena de afeto. Palavra cujo elemento acústico é considerado por Freud sendo "[...] o ponto central de toda função da linguagem" (Freud, 1891). Por meio da "atividade associativa do elemento acústico", tornava-se possível evocar representações capazes de enlaçar a quantidade de estímulo, separado daquela representação debilitada[2].

Por outro lado, não podemos esquecer que um dos sustentáculos do fazer psicanalítico é a escuta do analista. Escuta que, por não valorar nem julgar, pode vislumbrar a expressão da trama inconsciente do analisando. No entanto, para que ocorra o fluir da trama histórica do analisando, o analista deverá manter-se como objeto de transferência, a fim de se tornar mais um elemento da cadeia associativa daquele. Esse movimento transferencial é considerado a mola propulsora do processo analítico.

Do ponto de vista lógico, o pressuposto é o de não haver no processo primário uma correspondência entre os dois elementos que, de forma arbitrária, compõem o signo: o *significante* e o *significado* (Saussure, 1967). O *significante* refere-se à camada acústica da palavra (a palavra oral), enquanto o *significado* corresponde a uma imagem conceitual, genérica e fixa. A fim de

[2] A tese sustentada por Freud era a de que a *representação coisa* está ligada à *representação palavra* com sua terminação sensorial, mediante as imagens acústicas.

observarmos a aplicabilidade desses dois elementos constitutivos do signo, tomemos como exemplo o signo "casa": este, formado por uma imagem conceitual genérica e fixa do objeto casa – ou seja, o significado, enquanto o significante –, e o som, a camada acústica – é variável de acordo com cada idioma.

Por se tratar de uma relação arbitrária, o signo é construído por convenções, o que faz com que sua aquisição ocorra por meio de aprendizado. É a inexistência de naturalidade na formação do signo que nos faz remetê-lo ao processo secundário, tornando-se difícil a sua apreensão: a criança, por exemplo, deverá, inicialmente, saber identificar e relacionar os nomes dos objetos aos objetos, e, posteriormente, agregar a essa relação mais um elemento, a palavra oral – os sons dos nomes. Esse longo processo é um dos indicadores de que no processo primário as diferentes imagens – acústica, visual, gustativa, tátil, olfativa – não guardam uma relação intrínseca, nem com os objetos e suas imagens, nem com as palavras.

Por se valer principalmente da palavra oral, o fazer psicanalítico propicia ao analisando não só dar *expressão verbal aos seus afetos*, liberando a energia psíquica, como também ingressar na possibilidade de realizar diferentes ressignificações, associando sons (palavras) aos significados que não estejam vinculados pelo código.

Outra analisanda, originária de país de língua portuguesa, que atendi em Paris, lamentava o seu distanciamento do pai, sem que pudesse compreender a razão, e fazia associações sobre o relacionamento entre seus pais, quando passou a falar sobre a sua fobia de marimbondos, de modo recorrente. Digo que a palavra "marimbondo" continha tanto *mari* ("marido", em francês) como marido. Terminada a sessão, a analisanda, já de pé, em tom jocoso, disse: *Só se for* le mari *de minha mãe*. Na sessão seguinte, ela trouxe uma lembrança de infância na qual se via no jardim da casa em que passara a infância. Regava as flores, enquanto o pai, ao lado, lia os jornais, sentado tranquilamente. De repente, ela é picada por um marimbondo, sendo socorrida carinhosamente pelo pai. A partir do relato, ela fez associações com picada, pica, pica do pai etc., e depois, exclamou: *Agora começo a compreender por que tenho tanta dificuldade em aproximar-me do meu pai.*

Algum tempo depois, ela deu-se conta de que a fobia que possuía de marimbondos havia desaparecido: em um fim de semana no campo, estando à beira de uma piscina, viu vários marimbondos e não se alterou.

Essas vinhetas clínicas podem elucidar momentos do processo analítico nos quais o signo linguístico, embora considerado um dos pontos de ancoragem da escuta analítica, não se presta nem para valorar, nem para colocar em xeque a veracidade das vivências do analisando. Nesse sentido, mesmo que do ponto de vista linguístico não haja qualquer relação entre os signos "navio" e "abandono", como no caso da analisanda mencionada no segundo exemplo, do ponto de vista da escuta analítica foi justamente naquele "não sentido" que foi fornecido ao analisando o espaço para comunicar o incomunicável. Assim como no caso do terceiro exemplo, o que se revelou de fundamental importância para a analisanda foi a associação por ela feita entre as palavras "*picada*", "*pica*" e "*pica do pai*". E isso independentemente da pertinência linguística da associação, ou mesmo da veracidade dos fatos.

Sem valorar ou sem se prender ao valor linguístico das palavras, o lugar de analista preserva-se, uma vez que se prestará a ser o receptáculo das representações dos personagens que fazem parte das vivências do analisando. Assim, o analista, embora sabendo que navio é navio, mantém-se atento às vivências de abandono, morte e culpa que um analisando possa efetivar.

Dessa forma, a impulsão da palavra "aponta para o fato de que o falar condenaria o falante a imergir, inevitavelmente, na errância do lapso, do ato falhado, do chiste, do sonho, revelando--se como provocação" (Bohadana, 1996, p. 74).

Essa provocação ocorre no sentido de que o

> [...] falar é a ação que conduz ao não domesticável da palavra, ao não domesticável de cada humano: às sensações. Falar em estado de vigília é, pois, como no sono, sonhar. É ver-se flagrado pelo "inédito". É ser mergulhado no equívoco. É ser posto diante do ignorado (Bohadana, 1996, p. 74).

O falar próprio da associação livre anuncia, para Freud, "[...] que a palavra oral é o meio através do qual o falante ingressa no estranhamento – no sinistro de si". Falante que será,

> [...] inevitavelmente, surpreendido pelo esquecimento do que julgava conhecido, pelas equivocações do que parecia "certo", indicando que no falar, embora se desvele a existência de sensações e percepções, as palavras não as dizem. Ao mesmo tempo, tudo isto afirma ser justamente no falar que o homem se percebe impulsionado por uma força inconsciente, força que o determina, mas que lhe escapa inteiramente ao controle (Bohadana, 1996, p. 80).

Independentemente do que possa ser dito pelo analisando, o importante é que ele expresse, por meio de palavras, as imagens que nele emergem. O ato de se expressar por meio de palavras, e o alívio decorrente dessa expressão nos permitem circunscrever, em um primeiro momento, a palavra como contendo uma função primária: a de provocar uma descarga.

Entretanto, tal operação poderá ser alcançada, por exemplo, nos rituais religiosos e místicos, assim como por meio de experiências estéticas ou mesmo eróticas. Porém, o processo analítico não visa somente à descarga, uma vez que esta, sem propiciar a formação de uma cadeia, causará um alívio efêmero, já que a descarga apenas desconcentra energia, não a tornando ligada. Deverá haver, portanto, no processo analítico, à diferença das práticas anteriormente citadas, nesse ato de descarga por meio da palavra, uma produção de sentido que permita a efetivação de um processo de elaboração. Processo este capaz de propiciar ao analisando uma ordem de significação que lhe permita poder tornar história as vivências que permaneciam até então sem fazer qualquer sentido.

5.
Uma lembrança encobridora e primeiras entrevistas

"E aquelas tetas pejadas davam-lhe uma alegria tão grande que mais parecia um pecado."
(João Clímaco Bezerra, *O semeador de ausências*)

Em sua primeira entrevista, Pierre me disse: [...] *Me vem uma lembrança de infância muito nítida, de quando eu tinha entre três e quatro anos. Primeiramente, vejo-me nos braços de minha mãe e, em seguida, vejo-a em um banco, com as pernas abertas, ordenhando uma vaca. Ela aperta e puxa as tetas [em francês,* "pis"*] do animal [em francês,* "bête"*] e eu olho a cena de frente. É uma recordação muito vívida. Lembro-me ainda do calor e dos odores...*

Essa lembrança inocente de infância, que me foi comunicada por Pierre em sua primeira entrevista, condensava os elementos essenciais da trama de seu aprisionante imaginário, e foi o elemento central em torno do qual se desenrolou o nosso trabalho analítico, que propiciou uma mudança no analisando.

Desde a sua autoanálise e primeiras experiências psicanalíticas, Freud (1889) chamou atenção para aquelas recordações que se apresentam à memória com insistência e clareza e que contrastam com a banalidade e inocência aparentes de seus conteúdos. As assim chamadas "recordações encobridoras" (*Deckerinnerung*)[1], que escondem experiências sexuais e fantasias, são uma formação de compromisso cujo mecanismo prevalente é o deslocamento. O que nelas é importante vai além do seu conteúdo manifesto, isto é, das relações entre aquilo que aparece e alguma coisa que foi suprimida.

Também Freud (1915b), em uma passagem do texto sobre o recalque (*Die Verdrangung*), diz que os objetos preferidos dos homens, isto é, seus ideais, decorrem das mesmas percepções e experiências que os objetos mais abominados por eles, e que, originalmente, eles só se distinguem uns dos outros por meio de ligeiras modificações.

> Realmente, tal como verificamos ao remontarmos à origem do fetiche, o representante pulsional original pode ser dividido em duas partes: uma que sofre recalque, ao passo que a restante, precisamente por causa dessa ligação íntima, passa pela idealização (p. 174).

O analisando em questão era um ex-padre, tinha cerca de quarenta anos e havia deixado a batina recentemente. Nesta ocasião, fora atendido e medicado por um psiquiatra por causa de depressão e insônia.

Filho mais velho de pequenos proprietários de terra na França, deixou a fazenda da família aos onze anos de idade, quando

[1] Segundo o *Vocabulário da psicanálise* (Laplanche & Pontalis, 1968) "trata-se da recordação infantil que se caracteriza ao mesmo tempo pela sua especial nitidez e pela aparente insignificância do seu conteúdo. A sua análise conduz a experiências infantis marcantes e a fantasias inconscientes. Como o sintoma, a recordação encobridora é uma formação de compromisso entre elementos recalcados e a defesa" (p. 560).

resolveu entrar para um seminário católico para ser padre. Essa decisão foi tomada de maneira impulsiva, alguns dias após o retorno do pai da Alemanha, onde este estivera como prisioneiro de guerra.

Durante as entrevistas preliminares, Pierre havia começado a trabalhar em uma editora como copidesque e dizia-se muito aflito com a possibilidade de vir a cometer erros.

— *Ontem fiz um erro na correção.*

— *Em que palavra cometeu o erro?*

— *Na palavra "Bensançon", esqueci a cedilha*[2].

— *E como é que ficou então?*

Ele, surpreendido, diz: "Besancon."

— "Baise un con."

— "Baiser un con, Besancon"? *É isso aí!?*[3]

— *É isso aí.*

— *É o medo do sexo, é a razão da minha angústia...* "Baise un con" *é toda a questão da minha sexualidade! Sinto-me ainda preso à minha mãe.*

Pierre parecia sentir-se emaranhado na trama do desejo materno, no qual ocupava o lugar de objeto fálico. Na instituição do processo perverso, a criança é identificada ao falo materno. Trata-se de uma vivência na qual a dinâmica do desejo da criança a conduz a constituir-se como único objeto possível do desejo da mãe.

Piera Aulagnier (1967) lembra-nos de que o primeiro recurso que a criança terá diante do perigo que representa para ela reconhecer que o objeto do desejo materno está fora do seu próprio

2 Bensançon, cidade da França.

3 "*Baiser*" corresponde ao nosso "trepar" em português e, originalmente, este verbo significa "beijar"; "*con*" é o nome vulgar para o órgão sexual feminino. "*Baise un con*" seria, portanto, a forma vulgar em francês para a relação sexual com o sexo feminino.

ser será o de negar que ela não possa representar a totalidade do que a mãe deseja, ou seja, negar que a mãe seja desprovida de alguma coisa. Essa negação, que faz parte da experiência de todo indivíduo, será, em um segundo tempo, refutada pela prova de realidade que confronta o sujeito com aquilo que ele vê: a descoberta do sexo feminino – ou seja, a descoberta de que existe um mundo do qual ele é excluído, e de que é somente por meio do pai que a mãe tem acesso a isso.

Para que o pai seja reconhecido como depositário do poder fálico, não basta que a criança saiba que ele tem um pênis maior do que o seu, mas que descubra que o pai é desejado pela mãe, e que é pelo investimento desse desejo que ele pode ser para a mãe o lugar do gozo.

Para que a mãe seja reconhecida como interditada ao desejo enquanto mãe, mas mantida como modelo do futuro objeto do desejo, faz-se necessário não somente que o sexo feminino seja reconhecido como diferente, mas que o sujeito aprenda que é essa diferença que o pai deseja (Aulagnier, 1967, p. 21).

Comentando a respeito de sua insônia, Pierre lembrou: *Quando criança, minha caminha era colada à cama dos meus pais. Eu chorava e só conseguia adormecer quando minha mãe me dava a mão e eu ficava segurando nos seus dedos, até amanhecer*. Parecia haver um obstáculo à realização, tanto por parte da mãe como por parte do filho, do luto do corpo do outro.

A construção da identidade é realizada pela ausência e pela diferença. Tomando posse do corpo do filho, a mãe o impede de apossar-se do seu corpo, do seu pênis. A intervenção do pai enquanto representante da Lei, por intermédio da mãe, é falha, e, desse modo, a criança não é privada da identificação do falo. Não sendo impedida de ser o falo para a mãe, não tem seu corpo liberado, não pode perceber a diferença sexual.

No caso de Pierre, a representação materna era trazida como a de uma mãe que não era delimitada pelo desejo do pênis do marido-pai. Isso repercutia no analisando, que carecia de uma representação psíquica nítida de seu próprio pênis. Em sessão, ele comunicou-me *uma sensação de anestesia na região pubiana, acompanhada da sensação de que o seu sexo encontrava-se embutido ali, como se fosse preciso puxá-lo com a ajuda de um saca-rolhas*.

Na perspectiva freudiana, a castração mantém uma relação direta com o Édipo, que o sujeito vive como uma punição do seu desejo incestuoso. Ainda que Freud jamais tenha empregado a palavra "lei" a este respeito, o complexo de castração contribui para instaurar o interdito paterno no interior do sujeito: o supe-rego. O complexo de Édipo declina quando a criança renuncia a possuir a mãe para salvar o seu pênis; a angústia de castração, por outro lado, está, em grande medida, na origem da moral.

Para Lacan, não se trataria, para a criança, de abandonar o seu desejo incestuoso a fim de preservar o seu pênis, mas em aceitar sua castração. Isso significa renunciar à posição de ser o que falta à mãe, isto é, o falo, para satisfazer seu próprio desejo e ser "castrado da mãe"; melhor dizendo, castrar a mãe de si--mesmo, submetendo-se à Lei do pai.

Pela relação analítica, foi sendo desvendado o que a "lembrança encobridora" de Pierre escondia e deslocava: o sexo feminino significando a castração (teoria sexual infantil). A percepção da falta de pênis na mãe ("sentada em um banco com as pernas abertas, ordenhando a vaca") sofre a recusa – *Verleugnung* –, e é substituída pelas tetas da vaca. Assim, o sexo da mãe é fetichisado, por deslocamento, por meio das tetas da vaca – mecanismo que protege o analisando da ameaça de castração.

Embora houvesse uma atitude de Pierre que levou o analista a suspeitar, nas entrevistas preliminares, de que se tratava de uma organização perversa, foi somente ao longo da experiência analítica que se tornou possível a elaboração de um diagnóstico, que indicou uma organização psíquica neurótica com comportamento perverso. Neste caso, ganha realce a noção de "diagnóstico flutuante" – que se define ao longo do tratamento e não nas entrevistas preliminares.

Certo dia, mesmo chegando no horário de sua sessão, Pierre pediu desculpas pelo atraso. Explicou que havia dormido em casa de uma amiga, Martine, e que tivera dificuldades de acordar: *Peguei nos seios dela, mas fiquei só por ali, não fui adiante. Não sentia desejo. Ela me disse que sempre a toco na parte superior do seu corpo e jamais na inferior. Dormi na cama ao lado*. Ele dormira, pensei eu, como a criança, ao lado da cama dos pais, segurando os dedos-tetas da mamãe.

Pierre narrou em sessão: *Quando entrei para o seminário, era como se estivesse entrando em minha mãe. Penso nos seus braços durante a ordenha, no suor, no cheiro impregnante e, ao mesmo tempo, penso nesse pegar nas tetas da vaca que tanto me excita*!

Ele havia deixado a batina, mas não conseguira solicitar à Roma, como ele se expressava, a sua "redução ao estado leigo". Ainda não lhe era possível renunciar a realizar o desejo da mãe, desejo de que fosse seu falo. Sendo o falo, Pierre não podia tê-lo, daí a impossibilidade de acesso ao seu próprio desejo: *Ontem fui à casa de Martine e quando ela me disse que queria fazer amor comigo, não me mexi. Fui tomado de pavor diante da possibilidade de mais um fracasso. Fiquei tocando nos seus seios e adormeci*. E narrou um sonho daquela noite: *[No sonho] eu deveria confessar alguma coisa, ou prestar uma informação.*

No sonho, alguém vestido de azul iria ser torturado porque tinha se negado a prestar a informação. Ele associou a pessoa vestida de azul ao seu pênis e lembrou que, quando criança, tinha fimose e que sua mãe tentara descobrir a glande de seu pênis. O fio de suas associações o levou à lembrança da mãe ordenhando a vaca, o que o fazia pensar em uma masturbação.

O trabalho analítico prosseguiu. No quarto ano de sua análise, Pierre parecia mais perto de poder renunciar a ser aquilo que falta à mãe e ter acesso a outras mulheres.

Certo dia, chegou à sessão parecendo estar tomado por um grande entusiasmo e passou a descrever "a alegria de um encontro". Conhecera uma moça que se chamava Bete e, segundo dizia, estava vivendo algo de completamente novo em sua vida. Disse que foi amor à primeira vista, um verdadeiro "*coup de foudre*!" ("paixão fulminante!"). *É um amor correspondido, e por ela sinto um forte desejo sexual. Ela mora na Provence, é professora, ex-freira, bonita e carinhosa. É uma moça piedosa*[4].

Alguns meses mais tarde, vestido com elegância e carregando uma mala de viagem, contou-me que ia viajar para encontrar-se com Bete, *pretendendo ausentar-se por alguns dias.* Entre outras coisas, disse: *Hoje acordei às quatro horas da madrugada pensando em Bete e, transbordando de desejo, resolvi escrever-lhe sobre a nossa relação. Enquanto escrevia, pensava em fazer amor com ela. Sentia o desejo de penetrá-la, abraçá-la e dizer: te amo e é por isso que te desejo. Sinto-me feliz por tê-la encontrado. Sinto-me largando as amarras e a sexualidade pulsar forte. Foram anos e mais anos de repressão. A que ponto recusei viver!*

[4] Piedosa: em francês, "*pieuse*", palavra que lembra quem tem o "*pis*" (teta da vaca).

Voltando da viagem, falou estar vivendo algo muito forte com Bete: *Com ela vivo uma espécie de renascimento da minha sexualidade, que não pode mais voltar atrás. Tivemos um orgasmo formidável.*

Pierre conseguiu trabalho na cidade onde morava a namorada e decidiu fazer a mudança. Como iam se casar, ele pretendia interromper o trabalho analítico, com cujos resultados se dizia contente:

— Hoje, enquanto dirigia o meu carro, senti uma grande sensação de liberdade. Quando penso em Bete, sinto o meu pênis brilhando e em ereção! Bete é bonita, meiga e piedosa. Hoje lembrei-me que, quando criança, lá na fazenda, houve a "Festa da Terra", onde as pessoas desfilavam. Algumas, fantasiadas de animais, outras de frutas, plantas etc. Sobre um dos carros do desfile, uma menina que também se chamava Bete estava fantasiada de vaca – fala rindo.

Digo-lhe: "Bete é uma mulher pieuse, *tem o* pis.*"*

Pierre respondeu, rindo: "É, Bete é de uma certa forma uma vaca. E eu sou o homem das vacas".

É inegável que esse trabalho analítico teve um desfecho favorável do ponto de vista terapêutico. Entretanto, por outro lado, a suspensão dos sintomas pode constituir um momento crítico em uma análise, pois, melhorando, o analisando tende a ir embora. Assim como se fala de fuga na doença, pode-se também falar de fuga na melhora. Os sintomas de que se queixava Pierre aparentemente desapareceram, e ele encontrou novas razões para viver. Ele não foi embora porque não tinha mais nada a tratar na análise, mas porque estava gozando.

Perguntei-me o que representaria, analiticamente, aquela saída. Saída da análise e saída enquanto solução para seu drama. Será que se poderia chamar a isso de uma saída perversa?

Se Pierre me fez pensar, em um primeiro momento, em uma organização perversa, esse diagnóstico eu coloquei em suspenso.

A ideia de diagnóstico em psicanálise é ao mesmo tempo complexa e importante para ajudar o trabalho do analista, já que não será a mesma a maneira como ele irá usar o dispositivo analítico e o modo de suas intervenções, no caso de uma neurose, de uma perversão, de uma psicose, quando se trata de um analisando apresentando características do fenômeno psicossomático ou das chamadas patologias do ato. Porém, existe um grande risco, se um diagnóstico precoce é feito de modo rígido e definitivo. Se a escuta analítica deve ser exercida no registro da "atenção flutuante", o risco que corre o analista na ética da escuta, ao fazer um diagnóstico, poderá ser contornado se este adotar a ideia de "diagnóstico flutuante". Todavia, é sobretudo na transferência que o diagnóstico irá revelar-se.

No caso de Pierre, foi durante a análise que se delineou tratar-se de uma organização neurótica com comportamento perverso. Podemos pensar que uma coisa é uma eleição de objeto, e outra uma relação perversa fetichista, na qual o fetiche é condição para a realização do desejo. Na perversão, o sujeito é o falo. No caso de Pierre, podemos dizer que houve uma mudança de posição?

Vimos que, antes da análise, a fantasia excluía a concretização do seu desejo sexual. A teta representava para ele, ao mesmo tempo, um objeto de fascinação e um impasse. O que se pode dizer, aparentemente, é que, se enquanto objeto de fascinação a teta ocupava o sujeito o tempo todo, enquanto impasse ela era o marco da impossibilidade do seu desejo. Terá sido a saída conseguir (por sorte) encontrar um correspondente na realidade, a partir do qual ele realizasse a sua fantasia? Mas não será que mesmo por meio das múltiplas elaborações, a tendência do desejo não é a de encontrar sempre algo do traço do objeto perdido?

Pierre passou a aceitar o sexo feminino sem pênis, mas na condição de acrescentar-lhe o "*pis*" ("*pi-euse*"). Mas houve mudança: o "*pis*" que ele acrescentou era, agora, o seu representante verbal. Podemos supor que o passo intermediário entre uma lembrança encobridora e aquilo que ela esconde é, provavelmente, uma expressão verbal.

Outro movimento que estava sendo esboçado no momento da saída de Pierre da análise, era o de completar o sexo da mãe não mais com o "*pis*", mas sim com o pênis-falo paterno. O pai "prisioneiro" parecia libertar-se para o analisando, na mesma medida em que este conseguia o seu desaprisionamento enquanto objeto único de completude da mãe, abrindo um novo espaço para o reconhecimento da falta. No vaivém das sessões, a figura paterna ia tomando forças, emergindo como sexualizada, desejante da mãe, figura valorizada de identificação.

Outra questão essencial que deve ser colocada no final de qualquer análise, seja ela levada a termo ou não, é a do destino que é dado ao analista.

A partir do esquema freudiano da saída do Édipo, o que se constata é que, se o desejo é possível, ele só o é a partir da inscrição do sujeito enquanto sujeito da Lei, o que implica uma perda. Essa perda do analisando com relação ao analista deveria colocar a separação como representando uma destituição, uma desidealização. Se assim não acontece, o analista servirá, durante todo o resto da vida do analisando, como suporte de um ideal, como figura de identificação imaginária. Neste sentido, podemos supor que um fim de análise comportaria uma solução que levasse em conta o fato de que a castração é inelutável.

Para a psicanálise, a "sexuação" não está referida apenas à presença ou à ausência do pênis, mas sobretudo à dialética fálica, sendo o falo aqui compreendido como o referente simbólico máximo que aponta para uma diferença. Não simplesmente para a diferença anatômica, mas para a diferença mais radical, própria ao ser humano: aquela que fala de sua incompletude. Seria esta a "diferença" que nos lança em nossa busca desejante, na incessante procura que só se vai satisfazer, parcialmente, por meio do amor – tentativa necessária de completude que move o desejo[5].

[5] Essas reflexões sobre final de análise se beneficiaram do diálogo com o colega Romildo do Rego Barros.

6. Entrevistas preliminares e organizações psíquicas

"Entre o trabalho de pensamento do analista escutando, abrindo-se para compreender, e o trabalho de pensamento do analista teorizando, entre essas duas práticas, há separação de ressonâncias; 'ponto de basta', no qual os dois registros se encontram, se colam durante um tempo um ao outro, e vastos espaços onde seguem sozinhos seus caminhos. [...] Para tentar traduzir essa paradoxal relação: eu não escuto com a metapsicologia na cabeça, e portanto, eu não saberia escutar sem ela."

(François Gantheret, *O ódio em seu princípio*)

Se é sobretudo na relação transferencial que se revelará a organização psíquica do analisando, já nas entrevistas preliminares o analista pode elaborar suas primeiras hipóteses de diagnóstico. Dizemos primeiras hipóteses porque, em psicanálise, todo diagnóstico proveniente das entrevistas preliminares deve ficar em suspenso, embora servindo de balizador flutuante que propicie tanto o diagnóstico de analisabilidade como o manejo da técnica. Podemos dizer, então, que as entrevistas preliminares nos levam ao âmago do paradoxo do diagnóstico em psicanálise, paradoxo que deverá estar sempre presente na escuta psicanalítica. Se, por um lado, dizemos da impossibilidade de fixar um diagnóstico – ao contrário do que ocorre na medicina –, por outro, dizemos quão fundamentais são as entrevistas preliminares na formulação da hipótese diagnóstica. Se essa hipótese deverá ser mantida apenas enquanto balizador, é ela que permitirá ao analista interrogar-se sobre as suas possibilidades e o seu desejo de analisar aquela demanda de análise. Vários podem ser os parâmetros para se pensar as organizações psíquicas, já que são construções teóricas, a partir da experiência clínica. Neste capítulo, trataremos da gênese das estruturas psíquicas a partir do complexo de Édipo, tendo como referência a castração.

O homem nasce, segundo Freud, inserido em uma ordem cultural – posteriormente denominada mundo simbólico. Nessa concepção, para se humanizar, o homem necessita de outro. Outro que, em "Projeto para uma psicologia científica", Freud (1895a) nomeia "semelhante". Há uma intenção para que Freud tenha nomeado o outro como "semelhante", e não simplesmente como "mãe", já que o termo "semelhante" indica algo mais do que outro humano. Este termo refere-se a um ser da cultura: outro humano que porta as leis da cultura, as leis do mundo simbólico. Utilizando o termo "cultura", tal como o faz em "Totem e tabu" (Freud, 1912), a ele acopla a noção de lei. Lei como elemento organizador do grupo humano. Lei interditora que a psicanálise denomina castração.

O termo "castração" deriva do vocábulo "*casta*" (Marques Leite & Novaes Jordão, 1956). Nas sociedades primitivas, para se pertencer a uma *casta*, era imprescindível a passagem por um ritual, que exigia que o indivíduo se tornasse *casto;* assim, aquele que não pertencia ao clã era necessariamente *incasto*. Com as mudanças fonéticas ocorridas ao longo do tempo, o "a" do termo casta é substituído pelo "e", alterando, então, o termo "*casta*" para "*cesta*", que mantém a mesma significação: a de ser puro. Portanto, nascia-se fora da *casta*, fora do *cesto*; somente após os rituais de iniciação, momento no qual o homem se submetia à lei da *casta*, tornava-se um *cesto* – um puro. Daí o horror ao *incesto*, à transgressão de tudo aquilo que se tornava tabu.

Se nas sociedades primitivas encontramos rituais que expressam de forma concreta a interdição, nas sociedades complexas, quando nos referimos à castração, estamos tratando de uma acepção interditora de caráter simbólico: a castração não é uma emasculação, mas um processo de interdição que, embora concreto – uma vez que é efetivamente proibido ter relações sexuais com a mãe –, conduz a uma vivência de perda. Quando dizemos "angústia de castração", estamos nos referindo a um processo no qual a criança vivencia de forma inconsciente a ameaça de perda do pênis. Essa vivência, proveniente de um processo de castração, só ocorrerá se aquele que ocupar a função materna for, efetivamente, um semelhante, isto é, se além de um outro humano for também portador dessa lei que interdita.

Não podemos desconsiderar que o fato de o homem nascer prematuro o coloca portador de uma característica que irá sobressair quando comparada com outros animais, cujo grau de maturação, desde o nascimento, lhes permite maior autonomia. A prematuridade é, pois, própria do humano, cujo estado de dependência exige, por um longo tempo, a presença de *outro* que possa lhe fornecer a garantia tanto de vida biológica como de vida psíquica. Esse corpo prematuro carrega as marcas dos seus começos, as marcas do movimento que surge desde o nascimento, passando pelo controle da motricidade até a aquisição da linguagem. É esse corpo que, mesmo nascendo na sua naturalidade, irá inevitável e lentamente imergir na cultura, realizando um percurso que será o palmilhar de sua história – de suas vivências psíquicas.

Assim, a história singular de cada homem dependerá da existência de um outro humano, do *semelhante*, ou seja, de um humano já submetido à Lei da cultura, às leis da interdição do incesto. Referir-se, então, a um humano é admiti-lo como efeito da relação com um *semelhante*, que assegure tanto os cuidados maternos como a interdição do incesto.

Embora o mundo da cultura preexista ao homem, este é a expressão da tensão entre o natural e o cultural. Se o nascer é margeado por uma "naturalidade", não tarda, e logo a cultura arrebata o homem, recobrindo-o, em parte, com o seu véu, para que este finalmente possa – por meio da relação com o *semelhante* – reconhecer as leis da cultura, a ela tornando-se submisso, e, por fim, "humanizando-se".

Ainda em "Projeto para uma psicologia científica", Freud (1895a) nos permite depreender que o alicerce de uma organização psíquica dependerá de como ocorreu a experiência de satisfação do *infans* (aquele que ainda não fala) com o *semelhante*. Com a experiência de satisfação, dizemos ter havido um "a mais" de prazer – ativação de zonas erógenas – que, tornando o *infans* um ser desejante, retira-o da condição de ser marcado somente pela necessidade. Ser cujo desejo, ao expressar a existência de uma falta estruturante, possibilita-lhe a formação de um corpo simbólico, característico da estrutura neurótica, conferindo-lhe o estatuto de sujeito.

Essa "vivência de satisfação", teoricamente, origina-se no momento em que o *infans*, buscando saciar uma necessidade – a fome, por exemplo –, é surpreendido pela ativação de uma de suas zonas erógenas. Esta, proporcionando-lhe um a mais de prazer, funda-lhe uma marca de sensação de prazer. A partir de então, origina-se um movimento desejante caracterizado pela busca vã de reencontrar aquela mesma marca de sensação deixada pela primeira vivência de satisfação. Esse movimento desejante – tentativa de encontrar uma satisfação idêntica – provoca marcas inaugurais no aparelho psíquico, que constituirão o denominado *das Ding* – a Coisa. *Das Ding* é formado pelo traço do objeto de percepção e pela marca de sensação desse objeto que, com função de coisa dentro do *infans*, passará a exercer uma função de juízo para todas as subsequentes experiências de vida daquele sujeito.

José Saramago (1975) parece se referir a *das Ding* quando diz, em *Ensaio sobre a cegueira*: "Há dentro de nós uma coisa que não tem nome e essa coisa é o que somos" (p. 126).

Por outro lado, é a conjugação das marcas de diferenças que irá propiciar a formação da primeira *Vorstellung Phantasie* (*Phantasmagon*, primeira fantasia de si), que, pelos sucessivos estranhamentos da constatação inicial de um prazer diferente do ansiado, irá permitir a formação da imagem do próprio corpo, uma vez que essas diferenças advêm do esforço para a obtenção do prazer, e deixam marcas da imagem motora, cinestésica.

Nesse sentido, quando nos referimos a uma falta estruturante na organização neurótica, estamos nos referindo a uma falta proveniente da impossibilidade de igualar o objeto concreto – gerador da imagem de prazer – à imagem de sensação deixada por esse objeto. Portanto, se há uma falta, trata-se de uma falta do que houve.

No caso da organização psicótica, pode-se inferir não ter havido formação nem de *das Ding*, nem da *Vorstellung Phantasie* (imagem do corpo próprio). Acredita-se que teria havido uma primeira vivência com o objeto, e que este – sempre procurado no mundo exterior – teria sido vivenciado como hostil. Assim, uma vez rechaçado o objeto, dele teria ficado uma *marca de ausência* e de insatisfação, o que justificaria a indiscriminação entre as imagens e os objetos que as geraram. Daí as perturbações de representação do corpo na psicose, na qual os objetos da realidade tornam-se sempre ameaçadores, porque acionam a marca de ausência deixada pelo objeto hostil rechaçado.

Torna-se, então, de fundamental importância que o analista possa reconhecer, desde as entrevistas preliminares, se o entrevistando possui ou não uma organização psicótica, pois o dispositivo com o qual esse entrevistando será confrontado tem uma dinâmica que propicia um encontro sempre faltoso – encontro com a impossibilidade de realizar o desejo em sua plenitude –, o que poderá desencadear uma descompensação psicótica, dada a impossibilidade de essa organização suportar tal vivência.

Certa vez, quando ainda iniciava minha clínica em Paris, recebi para entrevista uma mulher com uma sintomatologia aparentemente neurótica. Naquela época, minha experiência quanto à prática das entrevistas preliminares era restrita, e, por isso, de forma prematura, indiquei o divã para a analisanda. No período que havia programado para minhas férias, avisei-lhe que estaria ausente. Ao voltar das férias, encontrei uma carta da analisanda, que se mostrava muito zangada, alegando que fora desconsiderada, uma vez que havia comparecido a todas as suas sessões e que eu havia faltado às mesmas. Apressei-me em telefonar-lhe e dei-me conta de que ela não havia registrado a minha comunicação a respeito das férias. Dias depois, deitada no divã, ela me perguntou, após um pesado silêncio: *Por que é que você está querendo me matar?* Somente naquele momento é que pude perceber na analisanda uma falha no que concerne à simbolização da ausência.

Se a castração-interdição é parte do processo de culturalização ou humanização do homem, esta ocorre somente quando a ele é imposta, não sendo, pois, natural que alguém se autocastre. O processo de castração simbólica dependerá necessariamente do *semelhante*, sendo externa a cada homem específico, residindo, mais propriamente, na cultura. Cultura que, pressupondo a formação de grupo social, somente se efetiva por meio de leis que interditam, encontrando na *castração-interdição* o seu referente, como uma das maneiras de podermos falar de estruturas, pois, como sabemos, há organizações psíquicas, como a psicótica e a perversa, que não são possibilitadoras da formação de grupo social. Dessa maneira, podemos concluir que somente a estrutura neurótica, por ser constituída do elemento interditor, poderá ser formadora de grupo social, portanto, de cultura.

Quando falamos de organização psíquica, estamos nos referindo às diferentes maneiras pelas quais o psiquismo humano pode se organizar face a esse elemento interditor da cultura: a castração.

A função materna dos pais, e da mãe em particular, em decorrência de sua proximidade corporal, consiste em prestar cuidados à criança e assegurar um recalque do investimento incestuoso. Assim, a função materna impõe àquele que deve assumi-la, qualquer que seja o seu sexo, transmitir, de uma maneira ou de outra, a mensagem de ameaça de castração pelo pai.

No desempenho de sua função materna, a mãe deverá introduzir o pai e submeter-se ao que Braunschweig & Fain (1975) denominaram "a censura da amante". Segundo estes autores, o "bebê da noite" corresponderia ao bebê que a mãe desejou ter com o próprio pai; seria o bebê do sonho, o bebê do incesto, enquanto o "bebê do dia" seria o bebê que a mãe teve com o marido-amante, e no qual ela "contrainveste" o "bebê da noite" por meio dos cuidados maternos. Isto quer dizer que o investimento erótico da mãe no bebê deverá, em certo momento, ser "contrainvestido" e censurado. A mãe irá "desviar o olhar" do bebê para direcioná-lo para onde se encontra o objeto de seu desejo – o pai da criança, um terceiro termo. A descontinuidade na díade mãe-*infans* introduz a criança na experiência de falta, "no fluxo do tempo, na experiência dos reencontros e na constatação de que a mãe também pode desejar em outros lugares" (Dolto, 1981, p. 11). Este "desvio" estruturante possibilitará à criança – por meio da falta – inaugurar o seu movimento desejante. A "censura da amante" irá, pois, operar, fazendo com que a mãe efetue o recalque de seu erotismo com o bebê e volte a investir o seu desejo no marido-amante. É este o movimento que falta à mãe psicotizante, já que esta não é apenas a mãe fálica, mas a mulher fálica – aquela que não introduz o pai, um terceiro termo entre ela e o filho.

Tomada a castração como ponto de referência, é somente na travessia do complexo de Édipo e na experiência da entrada na fase fálica que as organizações se revelam. É na fase fálica que ocorre um deslocamento do investimento libidinal do pênis para o falo[1]. Ou seja, é no momento em que é introduzido o pai – pelo desejo da mãe – que a criança é desalojada de seu lugar fálico. Isso corresponde à passagem de uma posição na qual reinam os "ideais do ego ideal" (onde a criança seria o falo) para uma posição na qual prevalecem os "*ideais do ideal do ego*". Tal deslocamento significa que houve a "aceitação" de um "*ideal de ego*" em lugar do "*ego ideal*". O que quer dizer que, diante da ameaça de castração, o menino integra os ideais ou valores contidos por meio do símbolo falo (virilidade, potência, inteligência) como forma de substituir a perda narcísica sofrida (posição de ego ideal). É aí que se desenrola, segundo Lacan (1988), a questão do "ser o falo" ou "ter o falo". Nesse sentido, a aceitação do falo significa aceitar os ideais da cultura

1 Ver o termo "*Phallus*" no *Vocabulaire de la psychanalyse* de J. Laplanche & J. B. Pontalis (1968, p. 311-312).

e, portanto, o ideal de ego. É essa possibilidade de "aceitação" que constitui a base primordial para que se dê a condição do recalque. Aceitar, portanto, um ideal de ego, é estar submetido às leis da cultura, "aceitando", assim, a castração.

As organizações psíquicas

A organização neurótica pode ser caracterizada por aqueles que, em face ao referente castração, estão a ele submetidos. Tal organização exige, em sua formação, que tenha havido experiência de uma suposta vivência de satisfação, decorrente da ativação de uma zona erógena: entre várias mamadas do bebê, teria havido uma que, além de satisfazer à necessidade biológica, produziu um "a mais de prazer", devido à ativação de uma zona erógena.

Ao dizermos que há uma falta estruturante própria à neurose, estamos nos referindo a uma falta proveniente da impossibilidade de igualar as sensações decorrentes dos diferentes e sucessivos encontros com os objetos concretos geradores de prazer e a imagem de sensação deixada pelo primeiro objeto gerador de prazer. Assim, a maneira como se formarão essas marcas que buscam igualar-se à primeira marca de satisfação definirá, no interior da neurose, os diferentes tipos de organização neurótica: histérica, obsessiva ou fóbica.

Referindo-se às estruturas neuróticas, Joel Dor (1991) salientou especificamente as estruturas histérica e obsessiva. Ele nos lembra que "[...] é em função dos amores edipianos que se constitui, para todos, a entrada em cena de uma estrutura psíquica; ou, como assinalava Freud, a 'escolha de sua própria neurose'" (p. 24). Para Dor, em todo sujeito histérico persistem, de forma mais ou menos invasora, os vestígios de uma queixa arcaica, que se desenvolve sobre o fundo de uma reivindicação de amor concernente à mãe. Ou seja, o histérico se percebe como não tendo recebido todas as provas de amor esperadas da mãe. Desvalorizado e incompleto, percebe-se "[...] como um objeto derrisório para o desejo da mãe face ao que poderia ser, pelo contrário, um objeto completo e ideal: o falo" (1991, p. 72). Assim, o histérico tenta ser o objeto ideal do Outro que supõe jamais ter sido, buscando identificar-se com o falo. Dor nos lembra, ainda, que Freud, muito cedo, compreendeu que o histérico deseja, sobretudo, que seu desejo permaneça insatisfeito.

Constituir-se como podendo ser o falo do outro é sempre recusar aceitar o encontro com a falta: temos aí, diz Dor, "[...] a posição fantasmática estereotipada do histérico. Inversamente, o reconhecimento da falta é sempre reconhecimento da castração do outro" (1991, p. 75).

Já na neurose obsessiva, ao contrário, há um excesso de amor. O obsessivo sente-se amado demais pela mãe. O excesso de amor testemunhado por todos os sujeitos obsessivos, segundo Dor, tem sua origem no dispositivo no qual a sedução erótica materna constitui um apelo para suprir sua insatisfação, "[...] onde a criança é, de algum modo, chamada a suprir uma falha no gozo materno, o que nela induz a uma incitação à passividade sexual", que é comprovada pelas fantasias dos obsessivos masculinos. Daí encontrar-se, na maioria dos obsessivos, "[...] vestígios nostálgicos de sedução agressiva-passiva que aparecem através da fantasia de ser violado por uma mulher" (1991, p. 103).

Prisioneiro do desejo insatisfeito da mãe, a lembrança da experiência precoce de prazer com esta será um obstáculo no desejo do obsessivo. Ainda que confrontada com a lei paterna, a criança se manterá também subjugada pela mensagem de insatisfação da mãe.

Segundo J.-D. Nasio (1990), o sofrimento do neurótico obsessivo ocorre conscientemente, sobretudo no pensamento. Entendemos que há nesse sofrimento um deslocamento da plenitude desejada e temida inconscientemente para um "sofrimento do pensar". No caso do fóbico, o sofrimento ocorrerá de forma consciente, voltando-se para o mundo externo; ou seja, a plenitude desejada e temida inconscientemente é projetada para fora, fixando-se em um "elemento do ambiente externo", que passa a ser o "objeto ameaçador da fobia". Quanto ao sofrimento histérico, este tem por característica o sofrimento consciente no corpo, decorrente do efeito da busca de plenitude temida--desejada. Como podemos deduzir, os adjetivos "histérico", "obsessivo" ou "fóbico" não se aplicam à coisa inconsciente e recalcada, mas aos tipos de defesas utilizadas pelo eu.

Além disso, podemos dizer que a situação da histeria, da neurose obsessiva e da fobia, no amplo quadro das neuroses, está também relacionada à vivência temporal. Neste sentido, o tempo de busca até que ocorra o prazer – satisfação, mesmo que não seja a experiência inaugural de satisfação – será o suporte diferenciador dessas três organizações neuróticas. Na histeria, supõe-se ter havido a vivência de um largo espaço de tempo de espera até que a satisfação tenha sido encontrada. Já na neurose obsessiva e fóbica, supõe-se que tal espera tenha sido vivenciada como curta. De toda maneira, se há uma falta, trata-se de uma falta do que houve.

No caso da perversão, embora tenha havido a vivência de satisfação, diante da angústia de castração, o sujeito só se submete à castração com a condição de transgredi-la continuamente. Podemos dizer que na organização perversa a característica maior é a de não ter havido um desinvestimento libidinal do pênis por parte da criança, que recusa (*Verleugnung*) a realidade da ausência de pênis na mãe[2] (Freud, 1927).

No perverso iremos encontrar, de um lado, a cumplicidade libidinal da mãe e, de outro, a complacência silenciosa do pai. Ainda segundo Dor (1991), a cumplicidade erótica materna manifesta-se no terreno de uma "verdadeira sedução", e não de uma "fantasia de sedução".

Podemos considerar a existência de dois tipos de sedução: a que conduz à vida, e a que conduz à morte psíquica. Ou seja, há uma sedução entre mãe e filho, inicialmente instaurando uma unidade, para, em seguida, proporcionar ao filho o ingresso na vida simbólica. Na sedução que conduz à morte psíquica, a mãe não seria apenas a mãe sedutora ou a mãe fálica, mas a mulher fálica.

No caso da psicose, como já vimos, podemos inferir que não chegou a haver a formação de *das Ding*, nem da *Vorstellung Phantasie*; da suposta vivência de satisfação não podermos afirmar ter havido marca, uma vez que esta somente se revela

[2] Para Freud (1927), o fetichismo é um modo de resposta à ameaça de castração na qual está presente a recusa (*Verleugnung*) da ausência de pênis na mulher, sendo a realidade desse perigo reconhecida pela visão do órgão feminino, que é, ao mesmo tempo, recusada. Por constituir uma proteção contra o perigo de castração, a importância do fetiche está ligada ao seu valor reassegurador. Ele pode ser um símbolo correspondente ao último momento durante o qual se *pôde pensar que a mulher é fálica. Todavia, a questão do fetichismo pode ir mais além do estudo das perversões*, levantando indagações a respeito de certas condições essenciais à constituição do desejo.

O fetiche é, para Freud, uma formação de compromisso entre o desejo da criança, cuja formulação poderia ser "a mulher tem um pênis", e a realidade que a isso se opõe, no momento mesmo da descoberta perceptiva. Pelo mecanismo da recusa (*Verleugnung*), a criança recusa a realidade de uma percepção. A fim de poder conservar essa crença na existência de um pênis materno, o sujeito substitui este último pelo fetiche que resulta de um deslocamento e que terá por função essencial manter a recusa da observação traumática. A coexistência no ego de duas crenças contraditórias engendra uma clivagem muito específica do fetichismo e da perversão em geral.

por meio da diferença entre imagem do objeto e as marcas de sensações subsequentes à primeira vivência de satisfação.

Para Nasio (2001), se é verdade que a psicanálise mostrou com precisão cada vez maior os mecanismos comuns a todos os estados psicóticos, seria, então, necessário considerar, atualmente, a "[...] extrema heterogeneidade das formas clínicas da loucura, cada uma das quais abrangendo por si só uma entidade" (p. 35). Diante do vasto número de publicações voltadas para a esquizofrenia, psicose maníaco-depressiva ou os delírios, este autor vê-se na contingência de pensar que a teorização sobre a psicose, nos próximos anos, terá que ser objeto de radical revisão.

Em *O pai e sua função em Psicanálise*, Dor (1989b) lembra-nos de que, enquanto na concepção freudiana a *Verwerfung* está assujeitada principalmente à ideia de uma rejeição do registro do simbólico, na concepção de Lacan a *Verwerfung* remete-nos à ideia de um não advento à ordem deste registro simbólico. Neste caso, nos dirá Dor: "[...] evocar a foraclusão do Nome-do-Pai como processo indutor de psicoses é enfatizar o fato da impossibilidade na qual se encontra a criança de poder se referir ao pai simbólico" (p. 106). Para Lacan (1966),

> Aquilo sobre o que queremos insistir é que não é apenas a maneira pela qual a mãe se acomoda à pessoa do pai que nos deve ocupar, mas a importância que ela dá à sua fala, digamos, à sua palavra, à sua autoridade, em outras palavras, o lugar que ela reserva ao Nome-do-Pai na promoção da Lei (p. 579).

De acordo com Piera Aulagnier (1964), uma criança, ao nascer, é investida fantasmaticamente pela mãe como um ser dela destacável. No entanto, acontece com algumas futuras mães que a criança seja imaginada como uma dependência de seu próprio corpo, sendo a separação vivida antecipadamente como intolerável.

Aulagnier (1964) lembra-nos de que há em toda mãe um trabalho de luto a ser feito depois do nascimento da criança. Sua expressão mais significativa nos estados depressivos é encontrada pela maioria das mulheres algum tempo depois do parto (depressão pós-parto). Todavia, este trabalho de luto só é possível na medida em que a criança tenha sido investida, antes de nascer, como um ser independente da mãe. Nas mães que não conseguem fazer isso, o trabalho de luto fica gravemente comprometido, até mesmo quase impossível de se realizar. Essas mães vão instituir um modo particular de relação com seus filhos, relação estritamente fusional, que não dará lugar a nenhuma intercessão mediadora (Dor, 1991, p. 108).

M. Mannoni (1964) ressalta que, para as mães "psicotizantes", a Lei é uma lei fundamentalmente pessoal, fadada a uma mobilidade imaginária, imprevisível, que entra em contradição com a lei simbólica. Ela reforça sua argumentação retomando a fórmula de Lacan, na qual essas mães estariam falando "fora da lei", já que nenhum lugar vago é deixado à intercessão de uma Lei terceira, que viria mediatizar a fusão entre a mãe e a criança.

O fenômeno psicossomático

No que se refere ao fenômeno psicossomático, entendemo-lo como a expressão da excitação quando esta, não conseguindo uma saída simbólica por meio de uma ligação entre afeto e representação, tende a desorganizar o funcionamento mental do sujeito, com consequente desencadeamento de descargas diretas no soma. Nestes casos, angústias difusas precedem, com frequência, a chamada "*depressão essencial*", depressão que traduz o desamparo profundo do indivíduo, provocado pelo afluxo de movimentos instintuais mal-controlados (Marty, 1990). Ou seja, por não haver um tratamento psíquico da excitação, como é o caso nas neuroses, ocorre um esvaziamento que provoca a depressão ou a descarga direta no soma, produzindo o chamado fenômeno psicossomático.

No início dos anos 1970, fui procurado em Paris por Jean. Ele acabara de completar quarenta anos quando os vários médicos que consultara lhe disseram que deveria procurar um psicanalista, porque os sintomas que apresentava pareciam ter origens psíquicas. Nascido na Martinica, Jean já havia tido uma experiência psicoterápica em seu país de origem, durante alguns meses, segundo ele "sem nenhum resultado". Nas entrevistas preliminares, falou de suas várias queixas corporais, sem fazer quaisquer ligações com sua história de vida: cefaleias, tonturas, dores na próstata, dificuldades respiratórias esporádicas, espasmos vasculares, taquicardia e dores precordiais, que muito o assustavam.

Em certa ocasião, foi surpreendido por uma brutal crise de angústia para a qual não encontrou nenhuma explicação, e durante a qual pensou em matar-se "para dar cabo de tamanho sofrimento". Naquela ocasião, fora medicado por um psiquiatra. Bem mais tarde, em sua análise, verificou-se que aquele episódio acontecera no momento de sua mudança para Paris.

O seu discurso era minucioso, com características do "pensamento operatório". Descrevia detalhes técnicos de sua profissão, não se referindo a qualquer conflito. Dominique, sua mulher, era bem mais velha; Jean a conheceu tão logo chegou a Paris, e rapidamente passaram a viver juntos. Ele a descrevia como extremamente ciumenta, dominadora, controladora de todos os movimentos dele. Pareceu-me que, naquela relação, de característica sadomasoquista, predominava o agir, e na sexualidade do casal ressaltava o aspecto de descarga fisiológica, a libido parecendo pouco presente. A mulher o subjugava, mas Jean parecia ter uma necessidade vital desta situação de dependência mútua, que ele dizia não conseguir romper. A relação tinha características de uma adição. Apesar da evidente semelhança entre a vida que levava com Dominique e o modo como me descrevia a relação com a mãe em sua infância, ele não conseguia fazer qualquer ligação entre as duas.

Ao fim de várias entrevistas, eu não conseguia perceber uma verdadeira demanda de análise. Ele mostrava-se impermeável à ideia de conflito inconsciente e parecia não me ver como um analista, mas como um médico que tinha um saber, e que deveria curá-lo.

Encontrava-me em início de formação analítica. O fato de, naquela época, estar participando em Paris de um seminário sobre questões psicossomáticas serviu-me de encorajamento para começar um trabalho com Jean.

Durante o primeiro ano, ele não manifestava curiosidade a meu respeito, não mostrava um pensamento associativo, e, quando eu arriscava uma intervenção ou fazia uma ligação entre duas situações por ele trazidas, ele fazia generalizações, ou simplesmente me ouvia sem apresentar qualquer movimento associativo. Apesar do meu interesse no trabalho com ele, sentia-me pouco confortável em minha posição de analista: não me via ocupando qualquer lugar enquanto objeto da transferência.

No transcorrer do tempo, Jean começou a falar de sua infância, o que me fez compreender que, entre ele e sua mãe, sempre esteve estabelecida, desde o início, uma situação particular na qual o filho era prisioneiro do desejo inconsciente da mãe. O pequeno Jean era o seu "adorado", "preferido", posto no lugar de seu complemento narcísico e fálico e a quem ela queria sempre puro, limpo, bem-comportado, aluno aplicado e brilhante. Jean não tinha o direito de brincar com outras crianças fora de casa, e ela o vigiava de perto para que não se masturbasse (segundo ele, sua primeira masturbação foi aos dezessete anos).

O analisando apresentava na análise uma imago materna que utilizava o corpo do filho como fazendo parte dela, como se não houvesse delimitação entre um corpo e outro. Ele parecia alimentar esta relação aditiva com a mãe por meio de sua relação de identificação com um objeto maternal.

Ele lembrou que, já adolescente, a mãe lhe cortava as unhas, manuseava o seu corpo, verificando se não havia alguma sujeira. Não é, pois, surpreendente que muito precocemente ele tenha apresentado distúrbios somáticos: asma, diarreias, constipações, cefaleias etc.

A mãe não admitia qualquer manifestação de raiva ou de oposição. Quando fazia o primário, Jean fora "vítima de uma imensa injustiça" por parte de um professor. Disse que ouvira tudo calado, e que no final deste episódio sentiu uma grande e crescente dor no olho. Levado ao oculista, foi constatado um espasmo nos vasos da retina.

Com a morte da mãe, Jean começou a cuidar do irmão. No velório, permaneceu impassível, sem ter acesso a qualquer emoção. *Eu não consegui sentir a morte de minha mãe,* disse-me ele. A figura do pai era trazida como apagada, totalmente voltado para seu trabalho e distante dos filhos, no que era ajudado pela mãe, que afastava as crianças do marido sob o pretexto de poupá-lo. Jean dizia não ter lembranças de um contato mais próximo, mais individualizado com o pai, e que jamais vira o pênis de seu pai. De fato, a figura paterna não parecia desempenhar um papel relevante no desejo da mãe, que transmitia ao filho a imagem de um pai desvalorizado.

Certo dia, Jean falou que, quando era adolescente, sentia medo de vir a ser homossexual, pois lhe acontecera, várias vezes, ter uma espécie de "visão" que muito o intrigava: via um enorme pênis que imaginava poder penetrá-lo. Em análise comigo, começou a manifestar alguma curiosidade sobre a pessoa do analista e, por vezes, tecia-lhe elogios, colocando o analista no lugar de uma figura paterna valiosa. Neste período, começou a reagir à "dominação" de Dominique e falou, pela primeira vez, de seu desejo de rompimento.

Se, por um lado, podemos compreender a visão do imenso pênis (junto com o medo-desejo de penetração) como expressão da carência paterna de Jean, do seu desejo inconsciente de receber um pênis valorizado do pai, que pudesse protegê-lo da mãe invasora e fálica, por outro, esta "visão" poderia apontar para o fenômeno da foraclusão (*Verwerfung*). A foraclusão, mecanismo encontrado na origem da psicose, consiste em uma rejeição fundamental para fora do universo do sujeito, do Falo enquanto significante fundamental da castração. Na *foraclusão,* os significantes foracluídos não retornam do interior como no mecanismo do recalcamento, mas no seio do real, singularmente no fenômeno da alucinação.

Nesta época, Jean queixou-se de buracos em sua memória que muito o angustiavam: *Começo a pensar em alguma coisa que deveria ter um seguimento e, de repente, a ideia seguinte não aparece.* Certa vez, ao voltar para casa, não reconheceu o caminho que estava fazendo. Angustiado, imaginou que pudesse estar com um tumor no cérebro. Consultou os melhores especialistas, realizou exames, e nada foi encontrado. Durante a sessão na qual relatou este fato, descobrimos que pouco antes deste acontecimento ele participara de uma reunião difícil no seu trabalho, na qual havia discutido sem poder expressar a raiva que sentira.

Concomitantemente a uma relação transferencial de tonalidade paterna que se acentuava, intensificavam-se as queixas referentes à sua relação com Dominique. Em uma sessão, falou de dificuldades nas suas relações sexuais: ele não conseguia ter orgasmo estando dentro da mulher. Contou, em seguida, que, pela manhã, fora tomado de intenso medo, quando na saída do trabalho o elevador enguiçou com ele dentro. Imaginou que pudesse despencar e cair no vazio. Perguntei se via alguma ligação entre estes dois fatos, na esperança de que ele pudesse fazer uma associação. Pareceu escutar-me, mas permaneceu em silêncio. Perguntei-lhe sobre o que estava pensando, e ele respondeu: *Há um branco*. Avancei um pouco mais, perguntando se não estaria querendo expressar, com a situação do elevador, algum temor relacionado à sua sexualidade. Ele disse não saber bem definir o que se passava nele, mas achava que existia algo estranho quando ia ter um contato mais íntimo com sua mulher. Ofereci-lhe uma fantasia dizendo-lhe que talvez existisse nele um temor de ter o seu pênis sugado, aspirado pelo sexo da mulher. Tentava reconstruir com ele possíveis fantasias arcaicas relacionadas a medos de ser tragado, devorado em uma relação sexual, e me coloquei como figura paterna – possível ponto de ancoragem identificatória.

Parecia-me que Jean apresentava um funcionamento mental diferente daquele de um analisando neurótico. Não bastava que eu aguardasse o material associativo e interpretasse os derivados das representações recalcadas; fazia-se preciso reconstruí-las junto com ele. No caso do funcionamento neurótico, uma fantasia tal como a do medo de ser aspirado pelo corpo da mulher teria sido representada e recalcada, e esse material psíquico recalcado poderia ser a origem de sintomas neuróticos. Mas as fantasias reconstruídas pareciam não ter atingido o *status* de representação mental.

André Green (1974), falando sobre a importância dos processos internos do analista na construção da simbolização, relembra a definição do símbolo, que segundo o dicionário *Robert* é um objeto partido em dois, constituindo um sinal de reconhecimento quando os portadores podem juntar os dois pedaços. Para Green, nada sugere, nesta definição, que as duas partes sejam iguais, e pergunta se não é isso o que se passaria no *setting* analítico. Quando o trabalho analítico obriga o analista a um grande esforço que o leva a formar no seu espírito uma imagem do funcionamento mental do analisando, ele, analista, completa o que falta ao analisando. O verdadeiro objeto analítico não estaria nem do lado do analisando, nem do lado do analista, mas na reunião destas duas comunicações, no espaço potencial que se encontra entre eles. Este espaço está limitado pelo *setting*, que se quebra a cada separação e que se reconstitui a cada reunião. Nessa perspectiva, o analista não desvenda um sentido oculto, mas constrói um sentido nunca antes formado.

O relacionamento entre Jean e Dominique vinha tomando proporções dramáticas e ele separou-se dela. Rompeu. Jean inaugurou, então, um período de depressão oscilante com momentos de intensa angústia.

Ele, que nunca faltava à análise, desapareceu, sem que eu soubesse dele, por uma semana. Certo dia, telefonou-me do hospital, explicando que fora acometido da ruptura de um vaso, com consequente hemorragia que quase o levou à morte.

Por meio deste exemplo, podemos perguntar se quando o corpo acha-se cortado da psique, não inscrito enquanto corpo simbólico, desejante, suporte de uma atividade fantasmática organizada, se nessa condição não estaria mais sujeito a manifestar-se mediante somatizações, colocando a vida do indivíduo em risco. Será que podemos afirmar que a ausência de representações organizadas faz com que a energia das forças pulsionais indiferenciadas – liberadas e privadas do vínculo das representações – passe diretamente ao órgão, lesando-o?

Ao inverso, quando o corpo manifesta-se na fala – simbolicamente – como corpo erótico, isto é, quando o corpo é representado psiquicamente como imagem do corpo, empenhada em investimentos auto e heteroeróticos, ele está mais ao abrigo de uma doença somática. A saúde do corpo orgânico não seria, pois, independente da sexualidade psíquica (Fain & Dejours, 1984).

Jean voltou à análise após um mês de ausência, pálido, abatido, com aspecto depressivo. Naquele reencontro, estávamos os dois emocionados. Ele, silencioso, mas particularmente presente. Perguntei-lhe o que o seu corpo teria tentado dizer com aquela ruptura, com aquele rompimento de vaso. Ele, que neste dia preferira sentar-se, permaneceu calado, pensativo, como se tentasse encontrar alguma explicação, que não lhe vinha. Lembrando-me de que sua mãe havia falecido em consequência de um rompimento de vasos, de uma hemorragia, disse: *Você já me falou aqui a respeito de uma pessoa que teve um derrame, um acidente de ruptura de vasos, lembra?* Ele responde já em soluços: *Minha mãe, minha mãe.* E chorou convulsivamente pela primeira vez em sua análise e pela primeira vez pela morte da mãe. Continuei dizendo-lhe: *Quanto tempo lhe foi preciso esperar para ter acesso a este pranto?*

Jean respondeu: *É como se somente agora eu tivesse me dado conta de que minha mãe não está mais em vida.*

Eu disse: *Estando colado à sua mãe, como se fosse ela, não lhe era possível entrar em contato com a dor da perda. Talvez, para romper com ela, foi-lhe preciso romper algo no seu corpo. Você tem o direito de ter o seu próprio corpo, de viver a sua própria vida.*

O acidente grave que sofrera e este momento analítico me pareceram inaugurar certa mudança no funcionamento mental de Jean e repercutiram em sua vida social e nos seus investimentos sexuais e afetivos. À medida que ele parecia mais permeável ao seu mundo fantasmático, suas queixas somáticas diminuíram consideravelmente. Jean conseguia deprimir-se, nomeando melhor os seus afetos. Começou a masturbar-se e a falar de um sentimento de libertação em sua atividade masturbatória, parecendo apontar, entre outras coisas, para a tentativa de tomada de posse do seu corpo, do seu pênis, tentando mudar da posição de ser um falo – complemento para a mulher-mãe – para ter o seu próprio pênis-falo.

Passados alguns meses, Jean iniciou um namoro com uma colega de trabalho. Ele apresentava em análise um discurso com características simbólicas e uma considerável diminuição de suas somatizações. Ele, que sempre se mostrara dócil e obediente em seu relacionamento com o analista, começou a manifestar a sua agressividade, competição, o que já não mais o tornava tão vulnerável aos fenômenos de ordem somática. Pareceu-me que ele sofrera uma mudança diante da dor psíquica, referente a luto e separação, quando poupou seu psiquismo do sofrimento, deixando sofrer "outros órgãos". Este acontecimento fez-me relembrar a célebre frase de Henry Maudsley (1872 apud McDougall, 1989):

"Quando o sofrimento não consegue expressar-se pelo pranto, ele faz chorar outros órgãos" (p. 177)[3].

O "luto psicossomático" é o luto que tanto a mãe como o filho deverão fazer do corpo do outro por meio da castração simbólica. Compreende-se porque Jean não podia ter acesso, não podia comunicar a dor da perda da mãe a ser velada. Ele velara seus sentimentos, estando impossibilitado de velar – elaborar – o luto da mãe morta. Provavelmente a intervenção analítica, funcionando entre a demanda e a rejeição da função paterna, pôde dar-lhe acesso a um terreno simbólico.

Penso que cabe não perder de vista a dimensão cultural da castração, garantidora da vida, sem, contudo, negligenciar ou minimizar o que de novo irrompe na contemporaneidade. É inegável o desvanecimento das imagens em um mundo onde o excesso do visual, muitas vezes, confundindo-se com as imagens, relativiza e, por vezes, nega a imagem do outro, essencial para a formação e constituição do sujeito. Em face dessa tendência, a psicanálise revela-se, mais uma vez, possuidora de um importante papel social.

3 Tradução do autor.

7. Entrevista psicanalítica e processo analítico: a paixão de Françoise[1]

"Se tudo desaparecesse e ele ficasse eu continuaria a existir. E se tudo o mais ficasse e ele fosse aniquilado eu ficaria só num mundo estranho, incapaz de ter parte nesse mundo. [...] O meu amor por Heathcliff é como as rochas eternas que ficam debaixo do chão, é uma fonte de felicidade quase invisível mas necessária. Nelly, eu sou Heathcliff. Sempre sempre o tenho no meu pensamento, não é como um prazer, porque eu também não sou um prazer para mim própria, mas é como o meu próprio ser, portanto não fale mais em separação, é impraticável."

(Emily Brontë, *O morro dos ventos uivantes*)

Estamos em meados dos anos 1970, em Paris, onde eu clinicava naquela época. Françoise apresenta-se ao meu consultório para sua primeira entrevista vestindo-se com elegância. Apesar de ser verão, ela não se separa do casaco que está vestindo. Expressão arrogante, tom de voz quase agressivo, mostra-se como se nela não houvesse falhas. No seu discurso, não há demanda

[1] Grande parte deste capítulo foi apresentado em mesa redonda de lançamento da revista *Trieb* – número especial dedicado a "Psicanálise e Cinema" – na Sociedade Brasileira de Psicanálise do Rio de Janeiro, em 12 de abril de 2005.

de ajuda explícita, nem tampouco de análise. Diz ter vindo por indicação do analista "x", e, naquele primeiro encontro, limita-se a falar sobre suas atividades como professora-assistente de uma universidade. A única referência mais íntima neste primeiro encontro é quando diz, com ar de queixa, que a mãe era ainda muito jovem e imatura quando de sua gravidez e nascimento. Recusa-se a dar continuidade ao seu relato. A rápida referência à mãe pareceu-me uma queixa significativa.

Sua postura aparentemente presunçosa e reativa parece uma armadura defensiva. Ao ir embora, deixa-me a impressão de lutar contra uma depressão. Fui acolhedor e tive o cuidado de não ser intrusivo. Ao "perdê-la de vista", dei-me conta de haver sentido por ela uma certa antipatia, e pensei sobre essa primeira entrevista.

No seu fazer clínico, o analista, com cada analisando, é questionado de modo singular em seu próprio ser, uma vez que, em sua escuta, ele deixa de dispor de si, colocando-se enquanto objeto de transferência. No entanto, quando o analista tem algum sentimento despertado pelo analisando, é preferível tomar consciência, não ocultar o que sentiu, nem tampouco atuar os seus afetos. Pois, como já vimos no "Capítulo 3", embora quem sinta (afeto) seja o analista, não é ele quem é visado. A evidência do que é sentido, constantemente submetido a uma suspensão de atribuição e de propriedade, adquire uma dimensão outra, um distanciamento, permitindo a dinâmica do jogo simbólico (Miller, 2001).

Deste modo, no caso de Françoise, o sentimento de antipatia revelava o oposto do "sim" da simpatia, preconizado por Freud como um dos afetos sinais de possibilidade para a aceitação, por parte do analista, de um candidato à análise. Mas a paciência, a não precipitação são requisitos preciosos em um analista. O que fazer da antipatia sentida? Dar um "não" apressado ao entrevistando ou dar lugar à paciência, deixando aparecer o sentido da antipatia no campo transferencial?

Neste sentido, o que o analista sente deve sofrer um trabalho de elaboração específica, que o desvie de um uso pessoal. Várias ideias me surgiram, além de reflexões autoanalíticas: lembrei-me de que Françoise havia feito referência à imaturidade da mãe na sua gravidez e nascimento com um certo tom de queixa, e que talvez o sentimento de antipatia pudesse estar relacionado a isso.

Estaria a entrevistanda repetindo no *a posteriori* transferencial da primeira entrevista experiências precoces com o objeto materno primordial, já que parecia não ter sido objeto de "simpatia" por parte deste?

Danielle Quinodoz (2007) relata que há um precioso fenômeno, importante de se conhecer, "mesmo que não saibamos explicá-lo" (p. 15): a primeira entrevista contém, em germe, tudo o que será a problemática central do tratamento.

Os estudos atuais de alguns analistas franceses, sobretudo os de Jacques André (2009), têm chamado a atenção para a ideia de que as vivências na primeira entrevista dispõem das condições de um fenômeno *a posteriori* ("*après-coup*", em francês), sob o duplo registro do trauma na abertura de uma experiência analítica. Um desejo inconsciente se deduz do termo *après-coup*, "só depois": a aspiração é a de que exista um depois, conjugado a esse outro tempo primeiro; que o futuro seja de reencontros com o golpe do passado[2]. O *après-coup* condensaria dois movimentos:

[2] O *Nachtraglichkeit* (*après-coup*) comporta a ideia de que em um segundo tempo – na transferência – seria repetido um primeiro tempo do trauma infantil. Este conceito ficou, durante certo tempo, esquecido, tendo sido revalorizado por Lacan. Segundo Jacques André (2009), Freud, alguns meses depois de haver escrito *Luto e melancolia*, insiste sobre o caráter de enigma que o luto conserva aos seus olhos: "[...] porque a libido tornada livre, graças à morte-desaparecimento do objeto, leva tanto tempo e a dor a dela se destacar? Isto

o de um passado-presente e de um presente-passado. Assim, na transferência, seria repetido o trauma da infância.

Neste sentido, o conceito de *après-coup – a posteriori* ("só depois") – é crucial, o que obriga o trabalho sobre o tempo--realidade. O exemplo freudiano mais clássico é aquele de uma segunda cena que dá à primeira seu valor patógeno.

Uma semana depois, em nossa segunda entrevista, Françoise parece ser outra pessoa: malcuidada, triste, frágil. Mostra-se desamparada e conta-me, entre soluços, viver uma paixão amorosa por "P", a quem idealiza, e de quem se sente dependente. "P" é um renomado professor, de quem Françoise diz já ter sido amante e de quem é assistente na Universidade.

Explica-me que se, por um lado, consegue ser autônoma e ativa, desempenhando bem as suas funções profissionais, por outro, vive períodos de quase completa prostração, nos quais se tranca em casa, ficando muitas vezes *largada no chão, em posição fetal, num canto do apartamento*. Sem alimentar-se e descuidando-se da higiene, respira com dificuldades, em um estado de desamparo, *como se a vida estivesse me escapando*, diz ela. Para que volte a *funcionar*, como ela diz, faz-se imperioso *vê-lo. Ele é o meu oxigênio*.

Françoise traz um sonho recorrente, no qual cuida de uma *criança incompleta*, às escondidas da mãe. *O sonho*, diz ela, *ocorria onde a gente morava quando eu era pequena. Eu estava zangada com a minha mãe. Meu pai também aparecia, mas como espectador. Na casa havia um canto que me pertencia e*

---

nós não compreendemos". Apesar de dizer que o conceito de *après-coup* não é nomeado na Escola Inglesa de Psicanálise, Jacques Lacan afirma que "Melanie Klein escreve que 'a perda de uma pessoa querida, qualquer que seja a idade na qual tenha ocorrido, é sempre um segundo tempo, um segundo trauma, a revivescência de uma experiência precoce. Nós já perdemos sempre o objeto de amor, o que sinaliza a generalidade da posição depressiva'" (Klein, 1980 *apud* André, 2009, p. 1.288-1.290).

era nesse local que estava a criança anormal, incompleta, feia, que mijava nas fraldas, mas que, ao mesmo tempo, era grande e falava como adulto. Ela morava comigo e com minha mãe, que não queria que se ocupassem da criança. Mas eu me ocupava muito bem. Às vezes, a criança era guardada na geladeira, às vezes eu ficava com ela no toalete, o que provocava brigas enormes com minha mãe.

Pensei: será Françoise essa criança incompleta que não teve o olhar da mãe? É ela esse bebê que quer ser olhado como não o foi? É o bebê que ela quer cuidar, mas na condição de ser escondido do olhar da mãe? O que terá esse olhar? Talvez, pensei, represente um bebê incestuoso, para o qual a mãe não pode olhar? A angústia escópica da mãe poderia ser uma expressão sintomática de suas fantasias incestuosas e do consequente desejo de morte do bebê? Eram ideias que me passavam pela mente ao escutá-la.

Essa problemática materna surge em uma cena contada por Françoise, na qual a mãe aparece tentando contrainvestir os seus desejos inconscientes de morte do bebê-Françoise, quando não permitia que este fechasse os olhos para dormir. Não podendo olhar para o bebê, a mãe não pôde autenticar a imagem de Françoise? É por isso que Françoise precisa esconder o bebê do olhar mortífero, do olhar medusante da mãe?

Essas interrogações-hipóteses levaram-me a pensar na grande importância que teve para Françoise o olhar de "P". É essa vivência do olhar, que a mãe não deu, que Françoise pôde vivenciar com "P"? Vivência que a assegurou e que ela perde quando "P" desaparece? Pareceu-me que a perda desse olhar a fez entrar em crise, estando o sintoma depressão em função da perda amorosa.

Assim, sua relação com "P" teve um aspecto positivo, assegurando-a de não se perder, já que o olhar incestuoso da mãe não pôde autenticar a imagem da filha. Esse amálgama bebê-adulto que aparece no sonho poderia ser uma representação de uma criança em Françoise, expressando uma pulsão amorosa sem respostas, que insiste?

Pelo sonho, foi possível melhor compreender as vivências transferenciais de Françoise em relação a "P". Este parecia representar para ela um ideal narcísico de completude – espécie de duplo – que, em uma relação em espelho, deveria refletir uma imagem ideal, evitando, assim, a falha narcísica.

Esse momento, que lembra o da construção do narcisismo primário, nos faz pensar no primeiro olhar da criança que, ao ver a própria imagem, imagina estar vendo um outro. Olhar que, lembrando o de Narciso debruçado sobre a límpida água da fonte Téspias, ao se ver, não mais pôde abandonar a fonte, pois fazê-lo seria abandonar a si próprio. É esse olhar que parece acender a paixão de Françoise. Olhar que não discrimina, posto que se faz respiração, *oxigênio*.

Desse modo, contemplando, entrega-se ao sofrimento de um amor impossível, perdendo-se no outro. Assim, quando o olhar perde de vista o objeto, surge a dor e o que está em jogo é algo da ordem da perda do olhar, de um olhar que pudesse autenticar a imagem própria do eu. Como lembra Pontalis (1988), "A vista nós podemos perdê-la, mesmo quando dela dispomos. Nós a perdemos quando estamos fascinados, medusados, quando a morte e não a vida está nos nossos olhos" (p. 276).

Françoise tem aproximadamente trinta anos e possui o mesmo nome que o pai, no feminino. Este, já falecido, é descrito como uma pessoa plena de qualidades, e a ela dedicado, enquanto a mãe estava mais voltada para a irmã seis anos mais jovem. Entre queixas e críticas à mãe, conta-me que, certa vez, ouvira uma conversa entre a tia e a mãe, em que esta dizia ter ficado muito nervosa logo que a filha Françoise nascera: *temendo que o bebê viesse a morrer, a impedia que fechasse os olhos para dormir, receando que não os abrisse nunca mais*. Impedida de fechar os olhos, impedida de perder de vista a mãe, a Françoise era impedido o sonhar – o recuperar o "desaparecido" no espaço do sonho.

Françoise cresce de "olhos abertos", mas apresentando dificuldades para se ver, para se discriminar. Nela falta um olhar marcado pela diferença.

Após várias entrevistas, quando ela assume estar sofrendo e se coloca algumas questões, decidimos iniciar a análise.

Embora a "entrada em análise" não se resuma na entrada no consultório de um analista, ela pode ir se esboçando já a partir do face a face das entrevistas preliminares, que podem levar o candidato a analisando a implicar-se naquilo do que se queixa, e transformar assim um pedido de ajuda em demanda de análise. Além disso, na experiência de análise, a sequência das sessões é dada pela associação livre das ideias, movidas pelo inconsciente e conectadas pela transferência. Existem, portanto, regras para a condução de uma análise, em que o olhar do analista, considerando a transferência, deve destacar-se da imagem, levando-o a pensar na condução do processo analítico para que este não fique desgovernado.

Até o primeiro ano da experiência analítica de Françoise, a constituição do campo transferencial configurava-se de uma maneira particular: ela investia maciçamente no professor "P", sem fazer qualquer referência ao analista, embora estivesse pontualmente em todas as suas sessões, demonstrando que tanto o analista quanto a moldura psicanalítica pareciam desempenhar uma função continente, vital para a analisanda. Da minha poltrona, decido não movimentar muito a "água da fonte", o que poderia perturbar os movimentos identificatórios que pareciam fundamentais para Françoise naquele momento.

Se, enquanto objeto de paixão, "P" refletia para Françoise a sua identidade, fazia-se necessário acalmar a angústia que suscitava a sua ausência, assegurando-a de que ele estava inteiramente à vista. Assim, "perder de vista", sendo o mais insuportável da perda, anunciava a sua incapacidade de amar o não visível.

A este respeito, podemos perguntar com Pontalis (1988) se não seria para olhar o desaparecido (lugares, pessoas, rostos) que sonhamos a cada noite, "tentando ligar o efêmero ao eterno?" No que concerne ao pensamento, concordo que o pensar é uma separação; é "um arrancamento do ver" que inicia o pensar. "Arrancamento" sempre a ser reefetuado enquanto a atração pela imagem não cessar de ser ativa (p. 277).

Pontalis (1988) pergunta: e nós, analistas, por que colocamos a nossa poltrona atrás do divã? Talvez para tentarmos dar uma forma concreta à divisão entre olhar e pensamento. Instituímos, então, a perda de vista como condição do pensar.

Em um discurso em que predominava a paixão, repentinamente surge em Françoise uma vivência da qual emerge o ódio, quando o professor "P" publica um livro e, em seguida, é entrevistado na televisão. Naquele momento, mostrando-se muito raivosa, Françoise fecha-se em casa e telefona para "P", que não responde aos seus apelos. Deprimida e desesperada, diz: *Não vou me suicidar, mas tenho ímpetos de ir embora, de partir para o hemisfério sul. Sinto uma enorme não existência, sinto-me enlouquecer! Quando ele aparece na televisão, ele existe para os outros, não quero que ele exista para os outros. Ele se comporta como uma puta intelectual*. E acrescenta, vivenciando um estado de hemorragia narcísica: *Após este programa na televisão, eu não me mexia. É como se tivesse me suicidado cortando as veias. Quanto mais eu o percebo forte, mais me sinto fraca, morta.*

Françoise sai para a rua em busca do professor “P”, como um adicto parte em busca de sua droga. Era imperioso vê-lo. Senta-se no terraço de um bar, por onde “P” deveria passar a caminho da Universidade. Ao vê-lo, ela o segue a poucos metros de distância, sem lhe falar, sem que ele a perceba. Françoise diz ao analista: *Ce n’est pas la prémière fois que* je le suis *comme ça*[3]. O analista lhe diz: *Je le suis... Vous êtes lui!*[4].

Após essa minha fala, pela primeira vez, Françoise coloca-me mais diretamente em relação a ela, quando tem um sonho que se passa em um jardim público: ela é um bebê com o qual eu passeio, conduzindo-a dentro de um carrinho de criança. Entendo que a minha intervenção “*Vous êtes lui*” provocou uma vivência na qual ela pôde experienciar uma separação da imagem do professor por ela construída. Se minha intervenção propiciou a retomada da relação primordial com a mãe – em uma situação protegida, “dentro do carrinho” –, ela também introduziu simbolicamente a figura paterna. Analista atrás do carrinho, como atrás do divã. É também a figura do pai quem propiciou uma sustentação materna. Imagino que, graças às vivências com o pai, Françoise não se estruturou psicoticamente. Nesse sentido, esse momento de sua análise é ilustrativo de como ela foi capaz de processar ressignificações com o significante “*vous êtes lui*”, no lugar de aderir concretamente à minha fala.

André Green (1974) lembra que quando Winnicott afirma que não existe o bebê, fazendo alusão à dupla que ele forma com os cuidados maternos, é porque acredita que não existe a dupla

3 *Não é a primeira vez que eu o sigo desta maneira*, ou *Não é a primeira vez que eu o sou desta maneira*.

4 *Eu o sou... Você é ele!*

formada pela mãe e a criança sem o pai. Entre o bebê e a mãe encontra-se o pai, que está sempre em algum lugar no inconsciente da mãe (Lacan, 1966), mesmo que ele seja odiado ou banido. Green afirma que quando o analista comunica a experiência pela verbalização, além de a elucidar, reintroduz pela palavra a presença potencial do pai, não por uma referência explícita a ele, mas pela introdução nesta dualidade comunicativa de um elemento terceiro (p. 243).

A partir da interpretação, Françoise pôde dizer não à vivência narcísica e já se pôde diferenciar, pois já não quer mais se suicidar, como veremos na próxima cena.

Françoise comenta em sessão: *Eu dizia sempre que era preciso que me suicidasse para que "P" pudesse existir. Eu e ele éramos inconciliáveis! Mas, agora, sinto-me mais longe do suicídio e talvez a análise tenha a ver com isto. [...] Se eu o mato um dia, não o farei de frente, acho que não vou fazer isto. Eu serei capaz de matá-lo em companhia da mulher.*

Se ela o mata de frente – ele representando sua própria imagem refletida –, correrá o risco de também morrer. Poderíamos pensar que eliminá-lo em companhia da mulher seria matar a identificação narcísica, conservando uma identidade própria.

Paralelamente a essa vivência de ódio – morte de "P" –, percebo Françoise tentando movimentos oscilantes de separação. Após haver escutado uma entrevista do professor na rádio, comenta: *Ele falava de coisas do domínio dele e não do meu, se é que se pode distinguir! Todas as perguntas que lhe fizeram, eu as responderia como ele. Sou capaz de ser entrevistada em seu nome e dizer as palavras dele. A ideia da fusão é uma ideia calmante. Em resumo, posso viver na fusão total e não na liberdade.* Minhas intervenções, nesse período, eram no sentido de mostrar-lhe seus movimentos de indiferenciação, de confusão, e suas tentativas e temores da separação.

Essa imagem especular – o duplo – precisa ser eliminada para que ela possa existir sem estar amalgamada. Existir independente de "P". Na análise, ela constata que esse duplo revelou-lhe a própria incompletude, levando-a a concluir que já pode viver *sem olhar para você.*

Dinara Guimarães (2004) lembra que, na psicanálise, o olhar não é apenas o "ver", "[...] mas o ser olhado pelo objeto como lugar do olhar na tela, na situação de alguém que é interpelado por um quadro" (p. 20). Neste caso, o olhar não é o que assegura a possibilidade de visão, mas o que não deixa ver. O olhar, portanto, deixaria de ser a garantia para a visão. Olhar é o ver se desvanecer.

> O olhar funciona como mancha, um ponto na imagem que perturba a visibilidade cristalina e impede que se veja no ponto de onde a imagem olha, quer dizer, visão e olhar são fundamentalmente assimétricos [...] Ao mesmo tempo, ver e olhar são complementares (p. 20).

Tomada de grande ódio pelo professor, Françoise decide enviar uma carta à Universidade, acusando-o gravemente, o que provocaria consequências muito sérias para ambos. Senti-me embaraçado diante do que ela me dizia. Pensei que, se por um lado não devia intervir diretamente na realidade, por outro, não podia, em nome de uma ortodoxia, permanecer "neutro" diante de um risco grave, comparável ao de suicídio ou homicídio, pois enviar a carta seria um ato de grande destrutividade. Decidi dizer-lhe que seria uma perda para a sua análise ela tomar decisões de tamanho porte, sem antes compreendê-las.

Após vivências de ódio e morte do duplo, percebo-a mais autônoma, levando a concluir já poder *viver sem você*. Em uma sessão desse período, diz: *sinto algo mudado em mim, como se agora eu pudesse observar sentimentos mais verdadeiros. Escrevi um trabalho para o jornal e o fiz muito tranquila; de maneira muito diferente de quando escrevi a minha tese. Sinto-me em boa forma* (eu pensei, em boa imagem). *Talvez eu nunca tenha me sentido assim antes*. E ela passa a relatar um sonho: *No sonho, eu talvez tivesse matado "P". Eu fazia parte de um grupo de jornalistas investigadores que estudavam o crime. Eu sabia de tudo. Eu fazia pacotes do corpo dele, cortado em pedaços.*

Após o "assassinato" de "P", Françoise, em suas tentativas de separação-diferenciação, retoma nela aspectos idealizados colocados em "P", ao mesmo tempo em que luta contra um sentimento de desagregação, por meio de pensamentos nos quais busca a reconstrução de uma imagem própria. Ela tenta, por meio da sublimação, recriar-se, falando das origens, do começo e do fim.

Essa espécie de luta vivida por Françoise faz lembrar ainda Dinara Guimarães (2004), ao dizer que

> [...] o duplo imaginário não é evidentemente a cópia do eu. O duplo tem a vertente do amor e do horror; ama-se o duplo, como o amor narcísico; e o horror ou a angústia é justamente por mostrar o que de fato ele é, mostra a falha. Por isso se quer matar o duplo ou eliminá-lo (p. 150).

Podendo confrontar-se com a falha, ela pôde escrever um trabalho, mostrando que a saída de sua depressão foi pela sublimação.

Após haver sido entrevistada pela rádio e pela televisão, ela diz: *Pensei na análise e me saí bem. Durante o programa, a minha sensação era a de ter tomado uma droga pela primeira vez; eu gostei e quero fazer logo um segundo programa. Senti uma emoção comparável a um voo. Quando a luz vermelha se ilumina no estúdio, a gente tem a sensação de decolar do solo. O jornalista que organizou o programa me atraía e nós rimos, fazendo algumas brincadeiras. Fiquei impressionada com o aspecto técnico, que transforma as minhas palavras banais em outra coisa. Sentindo a ORTF ao meu alcance, a ideia de meu suicídio fica distante. Penso no que falamos aqui, esta coisa de eu ser o mesmo que ele. O tema da minha entrevista foi o mesmo que o dele. Depois do programa, telefonei para minha irmã e disse-lhe que "P" poderia morrer e eu ser entrevistada em seu nome. É o tema da osmose e da personalidade de cada um*. Françoise mudou de lugar. Deixando a posição de duplo, pôde falar em seu próprio nome, e ser tão importante quanto "P".

A osmose comporta a ideia de uma membrana de separação.

Françoise prossegue: *Não tenho necessidade de estar com ele para viver com ele. Não o verei jamais, mas ele é a pessoa que determina a minha vida. Sei que é loucura, que não é assim que as pessoas vivem, ou então, é normal, é o amor, e as pessoas não sabem o que é o amor. Hoje pus a água-de-colônia de "P", mas coloquei só um pouquinho, não ousei.*

A analisanda refere-se a uma reunião na Universidade à qual o professor não compareceu, dizendo que, há algum tempo, *diante de uma ausência dessas, sentiria um grande buraco. Ser vista, ou vê-lo, era o mais importante. Eu só existia se ele me olhasse. Eu não gosto de fotos*.

Naquele momento, lembro-lhe um de seus sonhos no qual apareciam fotos dela criança em companhia do pai, e outro sonho, no qual o pai aparecia cego. Françoise fala: *Se o meu pai não pode me olhar, só existe o olhar do espelho*. Digo-lhe que, na posição na qual me situo na sessão, ela também não pode me olhar (eu não posso refletir a sua imagem). Ela responde: *Meu pai não me olha, e você também não. "P" não me olha mais; somente "P" me olhou muito. Lembro-me bem do olhar do meu pai, do olhar de "P" e do olhar do meu avô. Eu não tenho lembrança do olhar da minha mãe. Falta o olhar da minha mãe*!

À medida que se descobre, tenho a impressão de que Françoise também me descobre, e, para lutar contra a escravidão da relação narcísica, para conseguir a sua liberdade-individuação, ela precisou colocar-se em uma situação de proteção-*holding*, necessitando ser vista, como no sonho do carrinho de bebê.

Durante nossa segunda separação devido às grandes férias de verão, Françoise reage diferentemente das férias precedentes. Na última sessão, antes de nos perdermos de vista para férias, diz: *Sonhei que estava dentro de um trem no Brasil, sozinha dentro de um compartimento. As outras cabines estavam cheias de pessoas. No corredor do trem havia uma brasileira com um bebê nos braços. Ela segurava carinhosamente a criança e escrevia algo sobre a vidraça que eu compreendia, apesar de não saber o português. Eu compreendia o funcionamento das letras que se seguiam.*

Surpreso com o sonho, porque se tratava do Brasil, para onde eu vinha passar as férias, e porque nunca tinha sido feita qualquer referência à minha nacionalidade, indago: *O Brasil?* Françoise responde: *É o único lugar do mundo que eu tenho vontade de conhecer. "P" havia sido convidado, mas o seu visto fora recusado porque ele era de esquerda. O Brasil... um pouco grande demais para mim; mas é o que mais me atrai na América do Sul.*

Digo-lhe que, no seu sonho, a mãe se comunicava com ela na mesma língua com a qual se comunicaria com o bebê. Digo-lhe, ainda, que ela fala da América do Sul, do Brasil, e talvez esteja indagando-se sobre a minha nacionalidade, sobre minhas origens. Ao que ela responde, rapidamente: *Nunca pensei neste tipo de questão! Então, você fala o português? Então, no sonho, você é a pessoa que vejo me levando nos braços? O meu pai me carregava, quando eu era criança.*

O trem da transferência parecia tomar uma nova direção.

8. Sobre o pagamento em análise: o dinheiro como valor simbólico

> *"O exemplo mais característico da distância entre o consentimento consciente para o sacrifício e o desprazer escondido foi dado por um paciente que, no início da entrevista com o médico, declarou: 'Doutor, se me ajudar dou-lhe de presente toda a minha fortuna'. O médico respondeu: 'Me contentarei com as 30 coroas por sessão'. 'Não acha um pouco salgado?', foi o comentário inesperado do paciente."*
>
> (Sándor Ferenczi, *Elasticidade da técnica psicanalítica*)[1]

Quando no imaginário do analisando o analista já ocupa um lugar, já lhe tendo sido atribuído um papel, seja positivo, seja negativo, provavelmente ocorre uma indiscriminação entre as vivências do analisando, ou seja, entre as marcas deixadas pela história vivida e o analista enquanto objeto de transferência. Com o analista, o analisando vivencia o pai, a mãe etc., até que se dê o corte, a discriminação que diferencie as duas cenas e provoque uma produção de sentido, uma elaboração psíquica.

1 Agradeço a Carlos Eduardo Melo pela indicação desta citação.

Podemos pensar que no mínimo dois parâmetros vão manter o simbólico presente em uma relação analítica. Um deles é quando o analista comunica o término da sessão, o outro, o pagamento da mesma. Quando nos referimos a "valor simbólico do pagamento" é para ressaltar que este é um meio de proporcionar o rompimento da relação dual, imaginária. Desse modo, o pagamento é um dos móveis do processo analítico (embora possam existir as distorções, quando, por exemplo, o analista cobra demasiado ou insuficiente), introduzido para o paciente já no momento das entrevistas preliminares.

É interessante prestar atenção ao que se passa no momento do pagamento das sessões, observar o comportamento do analisando no ato do pagamento. Por vezes, fica evidente, devido a alguns comportamentos, a importância da inserção do dinheiro na dinâmica da transferência, quando seu valor libidinal circula no sujeito de forma singular, com efeitos específicos no processo analítico.

Alguns analisandos esquecem o dia do pagamento, apesar de pagarem com antecipação todas as demais despesas (aluguel, escola dos filhos, planos de saúde etc.) e deixam para o final o pagamento da análise – e ainda, muitas vezes, pagam-na atrasado. Assim, tentam ignorar a discriminação, possibilitada pelo pagamento.

Muitas vezes, isso é compreendido pelo analista de uma forma simplista. É o que acontece, por exemplo, quando este diz ao analisando: *Você quer pagar tudo, menos a análise, porque ela é fonte de desprazer*, ou que está fazendo *um ataque à análise.*

Pensamos que, como em relação a qualquer outra expressão do analisando, não basta interpretar levando em consideração o conteúdo manifesto. Muitas vezes, o que está acontecendo é justamente o oposto: o analisando está tão ligado imaginariamente àquela situação, tão fusionado, que não quer admitir a discriminação, a separação que seria provocada pelo pagamento. O analisando que se encontra indiscriminado vive realmente aquela justaposição, e é por isso que se diz que a análise não é uma representação da vida: o que o analisando vive não é um faz de conta, ele não está fingindo o que sente. Está, de fato, vivenciando-o. O que acontece ali não é uma duplicação, mas uma experiência vivencial que pode produzir um novo sentido.

O que aconteceria se o analista não cobrasse nada, se atendesse gratuitamente? Nas clínicas sociais, são muitas as questões que se colocam a respeito deste tema. Poder-se-ia encontrar outro valor simbólico que não fosse a moeda, como por vezes se usa em análise com crianças. Para uma criança que está fazendo análise, a questão do pagamento se coloca de modo diferente. Não é ela quem paga, e muitas vezes, nem sabe quanto custam as sessões.

Lembro-me de um garoto que tratei em Paris. Em um determinado momento, estipulei que ele me pagaria a cada sessão (além do dinheiro das sessões pagas pelo pai) um tíquete de metrô. Observei que, quando estava mais regredido, ele me dava um tíquete usado (o que poderia corresponder a uma impossibilidade ou um desejo de indiscriminação).

Se, na análise, o pagamento possui um valor simbólico, o dinheiro não deixa de ser um veículo de troca, em que o ato do pagamento se dá por um serviço prestado e implica o reconhecimento do analista em sua humanidade. Nesse momento, além do que simbolicamente o analista possa representar, o analisando se confronta com o analista como um outro.

Além disso, o ato do pagamento marca um acordo tácito, que se renova a cada vez, um compromisso no qual se reafirma o desejo de análise. Podemos dizer que é no e pelo pagamento que se legitima simbolicamente o lugar do analista.

No caso do adulto, ele conhece o valor do dinheiro, tanto que se "equivoca", segundo a maneira como seu imaginário lida com o que o dinheiro está significando na relação analítica – dinheiro preso com alfinetes e posto em envelopes (que furam a mão do analista), cheques errados, cheques sem fundos, pagamentos a mais ou a menos etc., além de cheque recolocado na bolsa (como veremos no "Capítulo 10"). O dinheiro é, assim, um elemento que entra como valor simbólico, uma vez que discrimina o analisando de uma possível relação imaginária com o analista. Ou seja, o pagamento é uma maneira de introduzir o *princípio de realidade* em uma relação de pensamento imaginário na qual reina o indiscriminado. Nesse sentido, mesmo que o pagamento seja bastante reduzido em termos absolutos – caso dos analisandos das clínicas sociais –, é importante que ele represente algo de valor, relativamente a cada analisando.

Lembro-me de um jovem estudante, morador em uma comunidade carente, portanto, com uma situação financeira bastante limitada, que pôde realizar sua análise porque o preço de sua sessão foi solicitado levando-se em consideração sua situação econômica. Um exemplo de uma análise que se mostrou rica, com um paciente pobre.

Nas análises de formação, sob supervisão, do Instituto de uma sociedade de Psicanálise, era exigido o número de quatro sessões semanais. Neste caso, um dos sintomas do analisando era a dependência: aos 35 anos vivia com a mãe, não trabalhava, tendo que fazer análise pela Clínica Social (logo, pagando um preço bem abaixo do mercado). Após algum tempo de análise, fruto de uma mudança subjetiva, o analisando iniciou um trabalho que, no entanto, o deixava sem disponibilidade de tempo para as quatro sessões semanais. Houve um impasse face à exigência feita pela instituição e a nova realidade do analisando, que começava a abandonar uma atitude sintomática de dependência. Diante desse impasse, foi decidido em supervisão dar primazia à razão psicanalítica em detrimento de exigências burocráticas.

Este exemplo ilustra a prevalência do valor simbólico no estabelecimento do número de sessões em uma análise.

Dinheiro e relação simbólica

Lembra Birman que, já na origem da psicanálise, o dinheiro ocupou um lugar de destaque, pois a manutenção do movimento analítico dependia da existência de clientes, o que provocava uma flexibilidade nos preços da sessão. O investimento dos analistas naqueles "tempos heroicos" era de tal ordem que era frequente haver análises gratuitas (1989, p. 228).

Naquela época, ressalta ainda Birman, a questão do dinheiro era vista segundo duas abordagens: a) como objeto libidinal anal (Freud apresentava a circulação libidinal da neurose obsessiva segundo o eixo retenção-expulsão); b) como equivalente simbólico dos diferentes objetos parciais. Como tal, era estabelecida a relação entre objeto libidinal e dinheiro. O campo semântico expandiu-se, passando o dinheiro a circular ao longo da cadeia de objetos parciais, a despeito da pregnância da fixação anal. Assim, o dinheiro adquiria o estatuto de uma "representação psíquica", passando "[...] a circular de maneira dinâmica no processo analítico" (1989, p. 229).

Na história da Psicanálise, verificam-se mudanças importantes na abordagem do dinheiro por parte dos analistas, que passam a adotar uma atitude silenciosa em torno da questão.

Como mostra Birman, o processo de institucionalização e disseminação da psicanálise, acrescida de sua medicalização, transformou os valores e princípios que até então haviam caracterizado a psicanálise, afetando, sem dúvida, o lugar do dinheiro na clínica. Segundo este autor, "[...] de movimento fundado numa causa e com poucos membros, a psicanálise se transformou no grande sonho americano de reforma moral da individualidade, pretendendo adaptar o indivíduo às peripécias das relações competitivas da sociedade americana" (1989, p. 230).

Nesse contexto, o dinheiro passa a ter um significado externo na relação com o analisando, substituindo a relação interna da psicanálise com o dinheiro. Sobressai, agora, a dimensão do dinheiro como valor de troca do trabalho psicanalítico, desconsiderando a singularidade que existe no "ofício de psicanalisar".

Sob essa perspectiva, a psicanálise passa a ser vista como mais uma profissão liberal em meio a tantas outras. Deixa de ser levada em conta a dimensão subjetiva do preço de uma experiência analítica. Pois, um dos aspectos importantes que devem ser considerados no pagamento da análise é a questão do gozo com o sintoma, ou seja, o "preço do sintoma". A análise comporta abrir mão deste gozo. Pagar para isto.

Os exemplos são vários:

Amália (de origem portuguesa) foi atendida por mim em Paris, em uma experiência de análise que durou muitos anos. Sua queixa principal, desde as entrevistas preliminares, era sua frigidez, que muito a intrigava.

Casada, escondia do marido que era frígida. Não conseguia ter fantasias sexuais e também não tinha orgasmo ao se masturbar. Era considerada autoritária, o que lhe trazia problemas tanto em sua vida conjugal como em seu trabalho como professora. O seu "temperamento fálico" era por ela reconhecido, pois sentia inveja dos homens.

O comportamento competitivo expressou-se logo de início, na transferência, no momento do pagamento das sessões, quando dizia que eu certamente ganhava muito mais do que ela. Além disso, Amália sofria de constipação intestinal e na análise apareceram sonhos que revelavam a analogia que inconscientemente fazia entre reter as fezes e possuir uma força anal, ser poderosa – ter um pênis anal (este "pênis anal" foi associado, em análise, a uma compensação para a sua ausência de pênis). Também o seu caráter controlador e agressivo foi-se revelando ser uma expressão de sua tenaz analidade fálica. Econômica, geralmente criava casos nos momentos que tinha de dividir uma conta com as amigas ou casais. Chegava a parecer mesquinha, aos olhos dos outros.

No decorrer do processo analítico, sua frigidez ficou associada à grande inveja que sentia dos homens, sendo frequente pensar, no momento de suas relações sexuais, que sua vagina pudesse ferir o pênis do homem, sobretudo se viesse a ter um orgasmo.

Outro sintoma que foi aparecendo dizia respeito à inibição no momento de articular ideias, o que muito a angustiava. Tinha um sentimento de pavor de não poder responder às questões quando indagada, de não poder articular os pensamentos.

Algumas vezes, nesses momentos, *[...] fazia-se um branco e o pensamento ia para o caralho,* disse-me ela certa vez, em sessão. Aproveitei para dizer-lhe que essa sua fala poderia conter uma grande verdade, já que seu pensamento não podia funcionar, pois ficava enrijecido como um pênis ereto, não podendo articulá-lo nem fazer conexões. Essa fala teve repercussão, já que Amália confessou, pela primeira vez, não admitir ter falhas ou qualquer imprecisão no seu discurso, que deveria ser completo, sem imperfeições etc.

Transferencialmente, seus prováveis desejos de arrancar-me algo de valioso (por meio da retenção do pagamento das sessões) se fez presente quer na não aceitação de minhas intervenções, quer no momento do pagamento de suas sessões (no final de cada uma delas), quando frequentemente esquecia o dinheiro ou queria pechinchar o preço, sempre achando que estava pagando muito caro.

Certa vez, porque me pagava abaixo do preço estipulado (há mais de um ano), sugeri-lhe um pequeno aumento, o que a fez ficar muito irritada comigo, pois não queria aceitar o aumento (de dez francos). Ao ir embora, observei que deixara cair de sua bolsa, sobre o divã, uma cédula que correspondia à quantia correspondente ao aumento solicitado[2].

José, em um período de sua análise, vivenciando transferencialmente seus movimentos identificatórios, declarou sua impossibilidade de pagar o preço que o analista lhe cobrara. No entanto, a redução que José solicitou era tão irrisória que logo me fez compreender que não se tratava de uma impossibilidade objetiva – ideia confirmada algumas semanas depois, quando José esqueceu sobre o divã extratos de depósitos bancários de importantes cifras. A impossibilidade de pagamentos parecia simbolizar seu desejo de captar, por meio da retenção do dinheiro, a potência do “pai analista”.

Antes de o analista dizer qualquer coisa, foi o próprio José que, encabulado e risonho, disse que daquela sessão em diante pagaria o preço solicitado.

Florence havia solicitado uma redução no preço de suas sessões. No segundo ano de sua análise, começou a sentir-se

[2] O prosseguir do processo analítico trouxe evidentes benefícios para a vida da analisanda, que passou não somente a gozar sexualmente como a sentir-se criativa nas suas atividades.

muito incomodada com a questão do dinheiro, queixando-se de se sentir humilhada com o que ela considerava a pouca remuneração que recebia em seu trabalho. Ela falava de um enorme desejo de ganhar bastante dinheiro para sentir-se "poderosa".

Em uma das sessões desse período, chegou entusiasmada por haver feito uma "importante descoberta". Na última sessão, conta, saíra sentindo-se "enjoada" após ter falado sobre essas questões de dinheiro. Diz se haver lembrado de uma passagem de sua infância quando, entre quatro e cinco anos, tomava banho nua junto com um menino, seu vizinho, da mesma idade. Disse ela: *Olhando nossos corpos, lembro de uma forte sensação de furo no meu corpo. Lembro do meu corpo de criança rosadinho, mas furado. É essa a sensação! Essa lembrança me chegou de uma maneira muito forte.* E associa: *Sempre me interesso por estas revistas de fofoca quando falam sobre os casamentos; sobre quem tem marido, quem se separou, quanto tempo o casal permaneceu casado etc. Para mim, era inacreditável que eu pudesse perder o falo dele [referindo-se ao marido]. Quando ele me traiu, só faltou que eu enlouquecesse. Mas fiquei pensando: o que era que me prendia tanto a ele, e por que eu continuava casada com ele? Não era por causa dos filhos. Dei-me conta, ontem, de que eu não podia separar-me dele por vergonha. Não era amor, era vergonha. Vergonha de rirem de mim na rua porque não tinha marido, e assim me sentia não tendo o falo dele.*

Eu disse: *Descasada, apareceria o seu furo?* Ela respondeu: *É isso, sim. Sem ele era como se estivesse andando pelada, e por isso me ridicularizariam e me humilhariam.*

E Florence continuou: *Com essa descoberta, não vou ficar mais desesperada. Ninguém vai rir de mim porque não tenho marido. Eu só preciso ficar com ele se for bom para nós dois. Era a vergonha que me impedia de me imaginar separada.*

Eu disse: *Você trocou o medo de uma ilusão para ser você mesma, poder ser uma mulher*. Ela respondeu: *É, eu tinha pânico do furo: um corpo tão bonitinho, tão rosadinho, mas rasgado!* A partir de então, ela começou a significar as suas questões com dinheiro.

Lembro-me de outro analisando que, em criança, era proibido pela mãe de ver o pai alcoólatra. Para poder visitá-lo, ele agia às escondidas, fugia da mãe. Frequentemente, pagava ao analista faltando cinco francos. "Fiz de conta" que não percebia, durante algum tempo, até que um dia, em momento que julguei oportuno, perguntei-lhe o que ele buscava com o que me vinha pagando a menos. Ele se emocionou ao lembrar que, na infância, sempre que, às escondidas da mãe, ia ao encontro do pai, este o mostrava orgulhosamente aos amigos e lhe presenteava com cinco francos. Para aquele analisando, pagar menos ao analista representava solicitar-lhe ocupar a função paterna.

François é um jovem adulto inteligente e depressivo. Os pais se conheceram na universidade e, quando a mãe deu à luz François, o pai estava fazendo um doutorado em outro país. François somente conheceu o pai aos dois anos, momento em que os pais se separaram. Ele procurou-me com ideias de suicídio, alegando não encontrar uma razão para viver. Sentia-se desmotivado para os estudos e muito desvalorizado por não corresponder ao desejo dos pais. Foi muito importante para ele que eu fizesse um preço de sessão do qual ele pudesse participar com parte de sua mesada. Neste caso, a função do pagamento era menos um corte do que uma maneira de ele entrar em contato com o outro. Era o dinheiro adquirindo o seu valor libidinal: função de ligação.

Freud, em seu artigo "O início do tratamento", diz-nos que o analista não contesta que o dinheiro deva, antes de tudo, ser considerado um meio de viver e de adquirir poder, mas ele pretende que, ao mesmo tempo, importantes fatores sexuais tenham um papel na apreciação do dinheiro e, por isso, ele espera ver as pessoas civilizadas tratarem da mesma maneira as questões de dinheiro e os fatos sexuais, com a mesma duplicidade, o mesmo pudor, a mesma hipocrisia (1913, p. 90).

Conrad veio à análise com queixas de não progredir em sua profissão e não se sentir suficientemente corajoso para conquistar as mulheres que ele desejava, e com as quais poderia ter casos amorosos. Filho único, a mãe escultora buscava superprotegê-lo, mantendo com o filho uma relação que me pareceu de suplência afetiva, já que parecia estar infeliz com o seu casamento. O pai era um homem distante do filho e muito conquistador. Conrad sentia que a grande proximidade da mãe o "amoleceu" e que por isso não se sentia viril o suficiente.

Transferencialmente, apareceu uma demanda identificatória, ele me idealizando e querendo sempre saber minha opinião sobre suas decisões a tomar. Paulatinamente, foram surgindo suas dificuldades em pagar as sessões, por vezes acumulando dívidas, sempre se queixando de que a esposa não o ajudava nas despesas. Durante o processo analítico, tentamos compreender as suas fantasias de captação anal da força – pênis do pai. Interrompeu a análise com uma dívida. Voltou um ano depois, pagou a dívida e continuou o seu tratamento.

Como se pode perceber, o dinheiro é uma maneira de o analista introduzir na cena analítica o Princípio de Realidade. Mesmo que o ato do pagamento, em si, não garanta o sucesso da análise, ele tem, ainda assim, um valor relevante no processo analítico. Valor este que deve ser indicado desde as entrevistas preliminares no momento do estabelecimento do contrato analítico – número de sessões, forma de pagamento, combinação sobre férias, responsabilidade sobre as sessões estabelecidas.

9. Entrevistas preliminares e patologias atuais

"O que resta de grandezas para nós são os desconheceres, completou.
Para enxergar as coisas sem feitio é preciso não saber nada.
É preciso entrar em estado de árvore.
É preciso entrar em estado de palavra.
Só quem está em estado de palavra pode
enxergar as coisas sem feitio."
(Manoel de Barros, *Retrato do artista quando coisa*)

No atual cenário, o homem, ainda que disponha de intenso fluxo de informações que se renovam com velocidade jamais vista antes, não raro confronta-se com sua própria impotência para absorvê-las. Paradoxalmente, adestrado para manipular os novos equipamentos eletrônicos, o homem contemporâneo acaba desenvolvendo mais seus reflexos do que suas possibilidades de reflexão (Virilio, 1988).

Embora com mais possibilidades de interagir com os diferentes grupos humanos, o homem apresenta-se mais ensimesmado e, em sua solidão, imóvel diante da tela do computador, navegando pelo desconhecido controlável, ingressa no espetáculo do multicolorido, que, lentamente, faz esmaecer a imagem do Outro. Tal como Narciso, diante da tela do computador, o homem se contempla talvez como se imagina, ou segundo sua vontade e, expressando sua onipotência, busca o gozo. Gozo da compulsão, gozo incessante que, ansiando pelo ilimitado, expressa a voracidade desse homem que acompanha, controla, consome produtos e informações de maneira indiscriminada.

É neste contexto que o *fenômeno psicossomático* vem sendo pauta de importantes debates. Hoje, essa pauta é aumentada pela inclusão das *patologias do ato*. O incremento dessas patologias pode ser entendido como fruto de uma época marcada pela existência de dispositivos e agenciamentos sociais que produzem e são produzidos por um narcisismo que encontra na ausência de Lei um dos seus sustentáculos. Na ausência de culpa e de Lei, a sociedade torna-se cada vez mais permissiva, gerando a ilusão de que seria possível encontrar um "estado de gozo", no qual o homem pudesse ingressar no ilimitado e no indiscriminado.

O que teria para dizer hoje a psicanálise? Como caracterizar a nossa época? Vivemos a chamada pós-modernidade sob o manto de diversos paradoxos: o crescente fluxo de informações e impotência para absorvê-las; o uso de novos e sofisticados equipamentos eletrônicos, confrontados com a reduzida reflexão; a crescente interatividade confrontada com o aumento da solidão.

E, como sujeito e objeto, participando de um mundo no qual predomina o descartável e o efêmero, o homem de nosso tempo exime-se de qualquer compromisso a "longo prazo".

Mantendo as diversas opções abertas, esse homem tenta abolir vínculos entre passado e presente e, sem se voltar para o futuro, vive o "fluxo do tempo num presente contínuo". Assim, como quem corta o "presente nas duas extremidades", ele tenta apartar o "presente da história", mantendo o tempo tão somente como um "[...] ajuntamento solto, ou uma sequência arbitrária de momentos presentes" (Bauman, 1997, p. 113).

Como se localizar em uma época na qual vige o fluxo contínuo de um tempo sempre presente? Abolido o "para frente" e o "para trás", resta a possibilidade de mover-se. Mover-se rapidamente, não ficar parado, não esperar. Qualquer demora, lembra Bauman, inclusive a demora da satisfação, perde todo seu significado: "não há nenhum tempo como seta ligada para medi-la". Intolerante a qualquer espera, avesso a toda fixidez, o homem se move para chegar a lugar nenhum, e, num quase sem rumo, "tropeça" acidentalmente em outros (p. 113).

Assim, em um momento em que se tenta apagar a figura do Outro, a não espera é louvada, a satisfação plena é cultuada, fortalecendo-se um narcisismo que sustenta o divórcio entre a Lei e a Cultura. Embora o mundo da cultura preexista ao homem, sua humanização, revelando-se na tensão entre o natural e o cultural, faculta-lhe a formação de um corpo simbólico, conferindo-lhe o estatuto de sujeito. Portanto, tornar-se sujeito é ser inserido no espaço do limite, da restrição, em que saber esperar é também condição de vida. Bauman (1997) ressalta que "Ligar e desligar não deixam no mundo qualquer marca duradoura [...]", ao contrário, "[...] é improvável manter-se qualquer configuração por muito tempo" (p. 115).

Tecida pela velocidade do tempo real, a pós-modernidade traz a mobilidade, mas também a inconstância de movimentos "[...] aleatórios, dispersos e destituídos de direção delineada" (p. 121). Portanto, diante do fascínio do novo e do terror do desconhecido, a pós-modernidade passou a ativar talvez o mais antigo anseio do homem: o de "tudo poder", o de "tudo ter".

Caracterizando-se por uma época de inegável ampliação de espaços propiciadores de prazer, a pós-modernidade anuncia a ruptura de fronteiras, limites, hierarquias e valores éticos, tornando a Cultura mais o *locus* do gozo do que da interdição. A crença na possibilidade de conjugar a preservação da vida com o movimento compulsivo de um gozo ininterrupto talvez expresse um dos grandes desafios da atualidade: o de restabelecer a fronteira entre a busca de prazer como possibilidade de estruturar o homem como sujeito desejante e o gozo voluptuoso e incessante que, não raro, o retira da vida. Neste sentido, pensar uma clínica da atualidade exige refletir sobre a tênue fronteira que há entre o que naturaliza e o que culturaliza o homem.

A não aceitação do desprazer, seja ele ocasionado pela retenção de quantidade de energia, seja pela estase libidinal, permite ao homem considerar três possibilidades para que essa energia encontre uma via de liberação: simbolização, fenômeno psicossomático, ou patologias do ato. Na simbolização ocorre a ligação da quantidade de energia a uma representação, propiciando a formação de cadeias associativas que abrem vias de escoamento para liberação daquela quantidade, ou a concentração de energia no organismo, provocando o fenômeno da conversão histérica. Nestes dois casos – é importante registrar – há a possibilidade do processo de simbolização. No fenômeno psicossomático, a quantidade de energia dirigindo-se para o organismo ali permanece, podendo provocar somatizações não simbólicas que o danificam. Já nas patologias do ato, essa descarga, embora possa ocorrer por várias vias, nelas encontra dificuldade de simbolização, caracterizando essas patologias por um agir compulsivo.

No entanto, essas possibilidades de escoamento de energia estão diretamente relacionadas à formação do sujeito. Como modelo exemplar do que propicia ao homem a condição de sujeito, encontramos na antiga tragédia grega Édipo-rei uma atualidade, pois nela fica destacada a necessidade de o homem estar submetido a uma Lei que o interdite[1]. Tal necessidade fica explicitada quando Freud ressalta existir nessa tragédia um vínculo entre Lei e função simbólica[2], revelando que a eficácia do mito reside na instância interditora que ele porta. Interdição que é instituída pela lei que proíbe o incesto, aquela que limita o acesso ao gozo pleno. Ao articular o desejo à lei, Freud demonstra o caráter estruturante do desejo, responsável pela inserção do homem no universo simbólico, o que lhe possibilita representar, ao invés de agir. Desta maneira, fica diferenciado o movimento de repetição, impulsionado pelo desejo vinculado a representações, daquele movimento que, por estar desligado de representação, se faz como descarga por meio de atos.

Áurea Lowenkron (2003), descrevendo sobre a inabilidade para representar, lembra a semelhança entre este fenômeno e o conceito freudiano de neurose atual, remetendo o termo atual aos sentidos de tempo presente, de real efetivo e daquilo que está em ato. Estas concepções, seriam, segundo a autora, aplicáveis não só às neuroses atuais, como também às chamadas "novas doenças da alma": presentificadas, carentes de representação psíquica, postas em ato no real do corpo e do mundo.

Para Freud, se as *neuroses atuais* estão na origem dos distúrbios somáticos diversos é porque a excitação sexual somática não consegue passar no seu trajeto em direção à descarga do

1 A atualidade da tragédia de Édipo estaria no fato de seu personagem exemplificar esse paradoxo inerente ao homem: buscar o ilimitado – o gozo pleno –, mas ter sua vida garantida somente quando se confronta com o limite: a interdição.

2 Em "A interpretação dos sonhos" , sob o título de "A morte de pessoas queridas" (cap. V), Freud (1900) retoma e desenvolve o conteúdo da carta de 15 de outubro, ao afirmar as vinculações entre mito, sonho e *fantasia*. A partir de então, Freud não mais hesita em oferecer análises que corroboram a ideia segundo a qual como o mito, como o sonho – da mesma forma que as fantasias – seriam realizações de desejos.

"grupo sexual". Ou seja, a excitação somática não consegue ser simbolizada, como no caso das psiconeuroses.

Freud não deixa de chamar a atenção para o fato de existirem outros tipos de conflitos que, estando fora do âmbito da simbolização, adquirem rumos diversos como possibilidade de descarga de energia. Assim, fenômenos como o psicossomático ou as patologias do ato (delinquência, toxicomania, psicopatia) apresentam-se impondo novos desafios à Psicanálise, cabendo discriminar o agir concreto do agir simbólico.

Sobre essas duas noções, no "Argumento" da *Nouvelle Revue de Psychanalyse* sobre "Os atos" (1985), encontramos um importante subsídio em seu reconhecimento de uma ambiguidade na noção de ato. Haveria uma distinção não apenas formal ou terminológica entre a ação e o agir:

> O agir seria compulsivo, repetitivo. Já a ação, levando em conta o princípio de realidade, para submeter-se a ele como a Ananké, para a ela se adaptar ou a transformar, seria o resultado de um trabalho psíquico, e como tal, a ser valorizado (Pontalis, 1985, p. 5-7).

Como vimos no "Capítulo 6" deste livro, o fenômeno psicossomático é a expressão da excitação, quando esta, não conseguindo uma saída simbólica por meio de uma ligação entre afeto e representação, tende a desorganizar o funcionamento mental do sujeito, com consequente desencadeamento de descargas diretas no soma.

Como nos lembra Zeferino Rocha (1993), há nas *neuroses atuais* um acúmulo de excitação que o sujeito é incapaz de suportar. Segundo o princípio da função primária do aparelho psíquico, o excesso de estímulo deve ser descarregado a fim de evitar o desprazer; este se manifesta sob a forma de um

> [...] *quantum* de angústia livremente flutuante, capaz de alimentar um estado de ansiedade permanente no qual se constata a angústia, sem, no entanto, saber a que ela se deve; portanto, uma angústia capaz de poder fixar-se em qualquer objeto (p. 50).

Ou como nos diz Freud: "[...] uma energia livre que domina a escolha e que se manifesta cada vez mais prestes a se ligar com qualquer conteúdo representativo" (1895, p. 18). Eis aí o que Freud nomeou de sintomas das neuroses atuais, nas quais os sintomas não teriam qualquer significação psíquica.

Baudrillard (1990), referindo-se às características da pós-modernidade, enfatiza a diferença entre a imagem e o visual, salientando que a imagem se refere a um "existo, estou aqui"; exige, portanto, na mesma percepção, um outro que, por sua vez, demarca a existência de uma relação estruturante do narcisismo. Já o visual é definido como uma espécie de "[...] imagem minimal, de definição menor, como a imagem vídeo, imagem tátil". O autor acrescenta ainda que o visual distancia-se "da lógica da distinção": nele inexiste o "jogo de diferenças", que "[...] recorre à diferença sem nela acreditar". Trata-se, portanto, da indiferença, em que "[...] ser torna-se uma performance efêmera sem futuro, um maneirismo desencantado num mundo sem maneiras".

É nesta contemporaneidade sem "futuro", desprovida de sonhos e de respeito – no sentido de *respicere* ("olhar para", que conota o olhar para o outro na sua diferença, na sua singularidade) –, que a delinquência, a toxicomania, a psicopatia, a adolescência prolongada e as inibições múltiplas ganham dimensões alarmantes.

Essas "novas doenças da alma" exigem que a clínica atual repense tipos de intervenções adequadas às situações nas quais os sistemas de simbolização, inclusive o da expressão verbal, mostram-se fragilizados e preteridos. Vale salientar que a expressão "patologias do não agir" se refere a certos comportamentos, entre eles das "inibições múltiplas" e o da "adolescência prolongada", este último incentivado e mesmo produzido pela família (Pontalis, 1985, p. 278).

Outro aspecto presente em nossa sociedade é o declínio lento e gradual da imagem do pai, da lei do pai, que tem por função marcar o sujeito com a inscrição de uma falta estruturante, instituindo limites e fixando lugares, sendo esteio da civilização – indicando a quebra na cultura do patriarcado, na qual a firme autoridade de antes se torna fraturada. Portanto, a fragilização dessa Lei tem sido uma das responsáveis pela dor e sofrimento característicos dessa contemporaneidade (Bittencourt, 2003).

Dirá o poeta Antonin Artaud (p. 23-26 *apud* Bittencourt, 1992):

> Nós, a quem a dor fez viajar por nossas almas, em busca de um lugar mais tranquilo, ao qual pudéssemos nos agarrar, em busca da estabilidade no sofrimento como os outros no bem-estar. Não somos loucos, somos médicos maravilhosos, conhecemos a dosagem da alma, da sensibilidade, da medula, do pensamento (p. 97).

"O resgate do ser": a clínica com um analisando que fazia uso de drogas

Foi a mãe de Francisco quem fez o primeiro contato comigo. Na ocasião, relatou-me que o filho vinha fazendo, há cerca de dois anos, uso compulsivo de drogas, incluindo bebidas alcoólicas, encontrando-se em um crescente estado de decadência. Queixosa, a mãe, viúva, relatou ter sido "abandonada pelo marido" quando Francisco tinha nove anos e o irmão, Paulo, onze. O pai me foi apresentado pela mãe como um homem desvalorizado. Segundo contou, ela teve uma *vida de sacrifícios*, mas os filhos foram agraciados com bolsas de estudo, tiveram uma boa escolaridade e fizeram curso universitário.

Apesar de o pai ser desvalorizado pela mãe, ela demonstrava certo lamento por ter sido abandonada por ele, o que poderia indicar uma significativa ambivalência em relação ao seu investimento afetivo-sexual nele.

A mãe disse que Francisco sempre foi a sua *companhia para quase tudo*, parecendo assim haver estabelecido com este filho uma relação de suplência afetiva. Ao telefonar-me para marcar a primeira consulta, referia-se a Francisco como se ele fosse uma criança, razão de eu ter marcado a entrevista com ela. Quanto ao filho mais velho, destacou nele a responsabilidade, o sucesso profissional e o fato de ele ter uma excelente situação econômica e ser o provedor da família.

Na primeira entrevista com Francisco, deparo-me com um homem com aparência de adolescente, apesar de ter mais de quarenta anos. Parecendo inseguro, muito inquieto e tristonho, apresenta-se trêmulo, como se estivesse sob o efeito de alguma substância. Ele não apresentava ideia de conflito interno, apesar de expressar sofrimento. Dizia querer ser curado do seu problema, ou seja, do uso compulsivo de drogas (cocaína, maconha e álcool), colocando-se externamente face aos seus sintomas.

Relatou que vinha sendo acompanhado por um psiquiatra que lhe prescrevera medicação ansiolítica e moderadora do humor, e que dera o diagnóstico de bipolaridade e TDAH (transtorno do déficit da atenção e hiperatividade).

Se Francisco teve do psiquiatra o diagnóstico de depressão ("bipolaridade"), esta foi se revelando, ao longo do tratamento analítico, ter uma origem neurótica e não psicótica. A partir do que me relatou, depreendi que ele representava para sua família a grande criança dependente, *permanecendo ao abrigo da proteção materna*, a quem a mãe chamava de *meu bebê*, dispensando a ele cuidados que o infantilizavam, e exercendo sobre ele um controle similar a uma *relação aditiva*.

Inicialmente, Francisco trouxe do pai uma imagem desvalorizada, carregada pelas percepções e palavras maternas. Lembrou, no entanto, que o pai gostava de jogar cartas com ele, e que às vezes o levava, junto com o irmão, à praia, nas férias.

O uso de drogas foi iniciado no momento em que, havendo concluído a faculdade, Francisco teve que mudar-se para outra cidade a fim de assumir um emprego. Nesta época, o pai estava hospitalizado há vários meses, por causa de um câncer que surgira havia alguns anos. Meses depois o pai faleceu, e Francisco sentiu-se culpado por não ter ficado com ele em seus últimos momentos de vida. *Com a morte do meu pai, eu mergulhei fundo nas drogas*, disse. Punha-se, com frequência, em situações de risco, uma vez que mantinha contato com traficantes que tentavam submetê-lo a chantagem, situação na qual o irmão tivera que intervir. A vida afetiva de Francisco era nula, enquanto sua vida sexual ficava restrita a saídas com garotas de programa.

Após permanecer cerca de um ano naquela cidade, Francisco perdeu o emprego e voltou a morar com a mãe. Na viagem de retorno, teve uma crise de fobia no avião, necessitando da interferência de uma comissária, que lhe deu um calmante.

Francisco apresentava-se dócil e subserviente; no entanto, parecia desafiar-me como quem pedia um limite, o que era expressado, por exemplo, quando ficava no carro cheirando cocaína no horário de suas consultas, chegando ao consultório apenas nos últimos minutos das mesmas.

Bittencourt (1992) nos lembra que a experiência analítica com sujeitos neuróticos e toxicômanos evidencia, de forma contundente, a imagem de um pai que não funcionou inteiramente, e nos lembra que, segundo Lacan, é como se houvesse um tipo de inadimplência do pai para o neurótico[3]. Lembra ainda essa autora que na clínica com esses analisandos as histórias trazidas referem-se quase exclusivamente ao universo materno, aparecendo a figura do pai escassamente e de modo precário. A figura paterna ficaria referida, principalmente, como genitor ou provedor das necessidades primordiais, sobressaindo a pouca consistência no registro simbólico e imaginário, e como se o ideal de modelo identificatório não fosse devidamente ocupado nesses registros. A esse respeito, Bittencourt (1992) formula a hipótese de que a narcose tem como uma de suas funções encobrir e indicar ao mesmo tempo, certo vazio, "[...] certo desvanecimento relativo ao pai como imagem ideal" (p. 101). Para esta autora,

> O pai do toxicômano, em vez de ser o embaixador da lei de seu país, o representante legal do país da simbolização, aquele da alteridade que sustenta uma função terceira, passa a encarnar de alguma forma o papel do monarca

[3] O termo "inadimplência", em direito, lembra-nos Bittencourt (1992), consiste "na falta de cumprimento de um contrato" ou "de qualquer de suas condições". O contrato existe, está feito, portanto, não há foraclusão; só que ele não é cumprido, totalmente ou em parte (p. 100). A autora acrescenta ainda que, como estamos nos referindo a toxicômanos neuróticos, poderia ser posta a questão sobre de que maneira não se teria exercido a adimplência, ou seja, o cumprimento legal do pai para esses sujeitos? Como o pai não havia cumprido o seu contrato (1992, p. 100)?

> nu, aquele que, desprovido das vestimentas fálicas, está destituído da função simbólica que lhe cabe representar, não fazendo valer a castração. Se, por um lado, caberia à mãe conceder-lhe seu título de nobreza, por outro, caberia a ele também reconhecer seu mandato. Afinal, o filho precisa ser adotado pelo desejo, e não apenas parido pelo gozo. Aliás, o gozo compulsivo, como um gozo não regrado pela lei, denuncia a inoperância da função paterna em sua dimensão real e consequentemente preserva a ilusão de que a relação mãe e filho se esgota nela mesma (p. 103).

Parecia-me que Francisco vinha ao consultório esperando que a sua drogadição fosse tratada como uma doença, externa à sua subjetividade, sem que ele tivesse participação ativa no seu tratamento. Diferentemente de um analisando que tem ideia de conflito interno, ele esperava do analista a cura de seus sintomas. Dessa maneira, colocava-me mais no lugar de médico do que de analista. Neste período, minha preocupação era, sobretudo, a de implicá-lo no tratamento.

Eu me indagava sobre o significado de analisar um sujeito que se drogava e parecia apresentar mais uma demanda de "reconciliação" do que de mudança, já que Francisco parecia querer conciliar seu tratamento com o não abandono da droga.

> A hipótese que aqui será central e condutora é a de um ódio essencial que se dirige a toda descontinuidade, ou então, a todo objeto, na medida em que o objeto é, por sua existência, ruptura da continuidade. [...] A toxicomania demonstra que este ódio pode triunfar, que pode tomar em sentido contrário, de modo 'regrediente', o acidentado caminho do amor de objeto, e cavar na vida de um sujeito

uma espécie de abismo, de turbilhão axial, sem sentido. (Gantheret, 1986, p. 64-65)[4].

Um mês após o início das vindas de Francisco ao consultório (não as chamo ainda sessões), fui procurado pelo seu psiquiatra, que decidira hospitalizá-lo em uma clínica especializada. Durante a fase inicial de sua internação (que durou cerca de quatro meses), fui atendê-lo nessa clínica. Ele mostrava-se contente com a minha chegada e estava dócil, cooperativo, até mesmo aliviado com a internação. Após o período de desintoxicação, ainda internado, passou a ter saídas com acompanhantes, vindo então ao meu consultório, três vezes por semana.

O limite apresentado pela hospitalização e pelo acompanhamento permanente, durante 24 horas, dos atendentes psiquiátricos, parece ter propiciado uma recuperação importante no sentido de viabilizar a análise. Francisco parecia aliviado com este limite que lhe fora imposto. Na alta da clínica, o psiquiatra estabeleceu que o serviço de acompanhamento continuasse no domicílio. Francisco aceitou as regras desse acompanhamento e, com a ajuda dos auxiliares psiquiátricos, começou a ter uma vida mais organizada. Era-lhe solicitado arrumar o quarto, cuidar da higiene e fazer exercícios físicos; começou a fazer *Chi-kung* por minha indicação e a frequentar uma academia de ginástica. Ele começou a assumir uma autonomia dentro dos limites que lhe foram anunciados.

4 Tradução do autor.

Sobre o diagnóstico e a transferência

Ao discutir a questão do diagnóstico na toxicomania e na neurose, Bittencourt (1993) lembra que não há uma psicogênese da toxicomania, como há uma psicogênese dos sintomas neuróticos. Nesse caso, a toxicomania não poderia ser abordada como um sintoma neurótico com a devida análise das sobredeterminações que se deve levar em consideração (p. 199).

Pode-se supor, no entanto, que o recurso à droga ocupa o lugar do sintoma neurótico quando este falha em seu intuito de evitar o sofrimento. Compreendido assim, o recurso à droga aparece "[...] onde o sintoma freudiano, como retorno do recalcado, mostra-se insuficiente como saída para o sujeito" (Bittencourt, 1993, p. 199). Assim, o sucesso da droga consistiria em manter a angústia em níveis suportáveis, "[...] na medida em que a substituição significante por meio do sintoma não operou" (Bittencourt, 1993, p. 103).

Nos encontros com Francisco, observei que a suspensão do uso de drogas estimulou a abertura de uma via simbólica: começou a narrar sonhos, de início com a droga e com o álcool. Inaugurava-se um novo momento nas consultas, em que ele começava a abordar a sua vida infantil, iniciando por suas dificuldades alimentares, quando se recusava a ingerir a maioria dos alimentos sólidos. Esta problemática foi se revelando, mais tarde, ao longo do processo analítico, como estando relacionada a uma vivência de recusa da intrusão materna.

Ele começou a indagar-se, colocando-se agora como sujeito de sua drogadição, iniciando o processo de pensar sobre as razões que o "arrastaram" para a droga. Um aspecto que achei interessante foi quando passou a demonstrar interesse pela leitura, sobre a qual fazia reflexões nas consultas, algumas vezes relacionando-as às suas vivências. Ao falarmos sobre aquilo, ele lembrou que o pai gostava de ler. Passou, então, a implicar-se nas suas vivências e a se colocar perguntas, o que considero característico de uma *entrada em análise*.

Finalmente, quando o acompanhamento psiquiátrico foi suspenso, Francisco iniciou um trabalho pelo qual demonstrava interesse, e passou a pagar parte de suas sessões com o próprio dinheiro.

Eu me indagava o que distinguia Francisco de outros usuários de drogas. Diferentemente de outras experiências com drogadictos, que são "arrastados" pela compulsão e apresentam a capacidade simbólica reduzida ou impedida, Francisco, a partir de certo momento, apresentou uma capacidade de questionamento e elaboração, que foi se revelando fundamental para a tomada de consciência de que vivera, até aquele momento, para preencher o desejo do outro.

A Francisco foi dado, pelo psiquiatra, o diagnóstico de bipolaridade e TDAH (transtorno do déficit de atenção com hiperatividade). O diagnóstico de bipolaridade indica uma problemática diagnóstica psicótica. Quanto ao diagnóstico do TDAH, foram feitos posteriormente exames neurológicos especializados que afastaram a possibilidade de tal distúrbio. No entanto, no que se refere ao diagnóstico psicanalítico, foi somente ao longo da experiência psicanalítica, sobretudo na transferência, que se revelou uma problemática neurótica depressiva.

A propósito da discussão sobre a depressão, Maria Rita Kehl (2009), em seu excelente livro *O tempo e o cão*, relata haver constatado em sua clínica que aquilo que geralmente se chama, sem grande precisão, de depressão, está mais próximo da clínica das neuroses do que das psicoses, e que, quando um psicanalista ou um psiquiatra se refere a uma depressão psicótica ou "endógena", provavelmente, está se referindo a uma melancolia e não a uma depressão, mesmo aquelas ditas crônicas, mas podendo ser abordadas pela psicanálise.

No entanto, não podemos esquecer que, embora participando das estruturas neuróticas, essas depressões possuem uma singularidade. Lembra Kehl que, diferentemente do conceito formulado por Melanie Klein de "posição depressiva", haveria uma depressão decorrente de uma "escolha das neuroses" (no sentido freudiano), ocorrida no segundo tempo do atravessamento do complexo de Édipo, momento em que o pai imaginário se apresenta para a criança como rival (Kehl, 2009, p. 15-16).

> O que decide, durante o atravessamento do complexo de Édipo, a saída pela depressão [crônica] para alguns sujeitos neuróticos? O que foi que o pequeno sujeito deixou de levar a cabo, em sua constituição, para ter se tornado, antes de um histérico ou de um obsessivo, um depressivo? (p. 15).

Esta é a pergunta pertinente que faz Kehl para esses casos. Segundo essa autora, a escolha precoce do futuro depressivo significaria uma retirada do campo da rivalidade fálica. Neste caso, em vez da disputa e a perda fálica com o pai, o depressivo recuaria, permanecendo sob o abrigo da proteção materna. Esse "[...] recuo ante ao enfrentamento com o pai" indicaria que o depressivo "defende-se mal da castração", e que faz um percurso diferente daquele realizado pelos neuróticos (histéricos e obsessivos). Os depressivos recuam porque "[...] não admitem o risco da derrota nem a possibilidade de um segundo lugar. Ao colocarem-se ante a exigência de 'tudo ou nada', acabam por instalar-se do lado do nada" (p. 15-16).

A importância que o objeto fálico possui na obra freudiana foi tematizada por Joel Dor (1991, p. 81), quando ressalta que, na saída da fase identificatória, a criança ainda se encontra em uma relação de indistinção quase fusional com a mãe. Essa identificação, em que o desejo da criança se faria pelo desejo do desejo do outro (a mãe), é facilitada pela relação com a mãe que a coloca em lugar do objeto que lhe é suposto faltar. Esse objeto, capaz de preencher a falta da mãe, seria o falo.

No entanto, ressalta ainda Dor, a relação fusional da mãe com a criança só existirá se não houver a entrada de um terceiro para mediatizar a identificação fálica. Resume Dor: a "[...] identificação com o objeto fálico que elude a mediação da castração convoca-a melhor ainda no terreno de uma oscilação dialética entre ser ou não ser o falo" (1991, p. 81). Essa oscilação seria responsável pelo segundo tempo do complexo de Édipo, momento no qual a criança é irremediavelmente introduzida no registro da castração, pela intrusão da dimensão paterna.

> Com a "intrusão paterna" na relação mãe-criança, esta é intimada a questionar sua identificação fálica e a renunciar a ser o objeto do desejo da mãe. Assim, o pai priva a mãe do falo que ela supostamente tem sob a forma da criança identificada com o objeto de seu desejo (Dor, 1991, p. 81)[5].

No caso do depressivo, ainda ressalta Kehl (2009), este não teria enfrentado o pai: "[...] sua estratégia parece haver sido

[5] Para Lacan (1958, *apud* Dor, 1987), a oscilação dialética entre ser ou não ser o falo remeteria ao jogo das identificações, que se inscreve de forma diferenciada de acordo com o sexo da criança. O menino renunciaria a ser o falo para a mãe e se engajaria na dialética do ter, identificando-se com o pai (aquele que supostamente tem o falo). Já a menina subtrai-se à posição de objeto do desejo da mãe e, deparando-se com a dialética do ter sob a forma do não ter, identifica-se com a mãe; pois, como ela, "[...] ela sabe onde está, ela sabe onde deve ir buscá-lo, do lado do pai, junto àquele que tem" (Lacan, 1958).

oferecer-se como objeto inofensivo, ou indefeso, à proteção da mãe" (p. 16). Kehl ressalta ainda que "[...] o gozo dessa posição protegida custa ao sujeito o preço da impotência, do abatimento e da inapetência para os desafios que a vida virá lhe apresentar" (p. 16). Além disso, a autora ainda ressalta que, uma vez que se apresenta alheio aos enfrentamentos com o falo, o depressivo "[...] não desenvolve recursos para se proteger da ameaça de ser tomado como objeto passivo da satisfação de uma mãe que se compraz com o exercício de sua potência diante da criança fragilizada" (p. 16).

No caso de Francisco, ele não se aceitava com limitações e tinha um ideal narcísico de incomensurável exigência, o que o fazia sentir-se sempre inferiorizado. Como um mecanismo de compensação, tinha que ter uma aparência impecável, procurando sempre estar acompanhado de pessoas que ele considerava "importantes" e bem situadas na mídia, sempre exercendo um comportamento sedutor. Assim, o "visual" assumia um papel preponderante na sua vida, o que contrastava com sentimentos de vazio e inutilidade profunda, não sabendo do seu próprio desejo. Penso que o uso da droga lhe proporcionava um estado de gozo em uma completude destrutiva.

No entanto, parecia-me que, com o início do trabalho de análise, o "bebê maravilhoso" do desejo narcísico materno ia sendo desalojado, dando lugar a questionamentos que o remetiam ao lugar da falta.

Em uma de suas sessões, ele relatou um sonho no qual participava de uma comemoração no apartamento do irmão. Ficou evidente a proibição de tomar bebidas alcoólicas. No entanto, ele pegou impulsivamente um copo de vinho e o irmão percebeu. Muito aflito por ter *jogado por água abaixo a credibilidade adquirida*, pensou em matar-se, escrevendo uma carta de despedida.

Em um segundo sonho, estava em uma praia tentando salvar o sobrinho, que estava se afogando. Ele, que não sabia nadar, conseguiu reanimar a criança e salvá-la. Depois, se deu conta de que a criança não era o sobrinho e não compreendia por que o sonho não lhe provocara nenhuma angústia. Em um terceiro sonho, participava de uma guerra. Inicialmente, lutava ao lado da família e, a partir de certo momento, lutava sozinho, seguindo seu próprio caminho.

Mergulhado na atenção flutuante, a escuta dos sonhos me fez pensar na fantasia "Mata-se uma criança", descrita por Serge Leclaire (1975), em seu livro *On tue un enfant*, fantasia que representa a morte simbólica do bebê imaginário idealizado pela mãe[6].

Quando no sonho ele desobedece, desafiando a lei paterna, projetada no irmão, penso que ele estaria solicitando uma interdição. Já a criança em risco de morte no sonho, que ele tenta salvar, faz pensar na existência desta fantasia da "criança maravilhosa" em si, que ele precisa matar para existir enquanto sujeito.

Francisco narrou, depois, que em um almoço em casa do irmão, a mãe a ele se refere de uma maneira "infantilizante", dizendo: *Coma sua comidinha direito, meu bebê.* Relatou ter gritado com a mãe, dizendo-lhe que não iria mais tolerar ser tratado como um menino mimado. Surpreso, o irmão deu razão a Francisco e tomou a sua defesa.

[6] "Mata-se uma criança": "fantasia originária, inquietante, evitada, desconhecida. A figura que reúne os anseios secretos dos pais, tal é para cada um a criança a matar, e tal é a imagem que se enraíza na sua estranheza o inconsciente de cada um. 'Sua Majestade, o Bebê': reina um tirano todo-poderoso; mas para que viva um sujeito, (para) que se abra o espaço do amor, faz-se necessário libertá-lo: morte necessária ao mesmo tempo que impossível, sempre a perpetrar, jamais consumada. Existe aí um reconhecimento e uma renúncia narcísica sempre a repetir, onde a pulsão de morte se mostra fundamental naquilo em que ela visa o 'velho homem': a imortal criança de nossos sonhos" (Leclaire, 1975).

Francisco disse: *Minha família não me enxerga como tendo vontade própria. Não sei bem o que é ter desejo próprio. Estando em casa de minha mãe, parece ficar difícil saber o que é o meu gostar e o que é o gostar dela.*

Em outra ocasião, a primeira depois de uns feriados, Francisco entrou sorridente na sessão, bem-vestido e bronzeado; havia ido esquiar. Logo ele disse que vinha percebendo que na sua família ele ocupa um lugar de serviçal, que sempre que precisam de alguém para fazer algo "chato", é ele quem é designado. E que tem vivido para realizar a vontade dos outros, a ponto de não saber bem o que ele próprio deseja. Falou sobre sua mudança de comportamento e que os amigos o haviam elogiado e o acharam mudado naquelas férias. Enumerou para mim e para ele próprio as suas vontades e gostos: *Gosto de esquiar, de mergulhar na praia, disso eu gosto! Gosto de olhar o céu, gosto de estar em companhia de uma garota bonita na cama. Minha família não me enxerga como tendo vontade própria. Em casa, ninguém (nem eu mesmo) observa do que gosto, mas sim do que os outros gostam, do que acham legal. Nunca escolhi o que ser na vida! Nunca tive um hobby que eu alimentasse. Descobri que gosto de fotografar e estou descobrindo também que gostei muito de esquiar, mas foi um desafio!*

Digo-lhe simplesmente: *parece fundamental descobrir do que você realmente gosta.*

Ele responde: *não sei bem o que é ter desejo próprio. Mas tenho tido vontade de morar sozinho. Morando em casa de minha mãe não posso levar uma garota para lá sem ter que pedir licença, e me causa constrangimento. Vou procurar pensar agora nas coisas das quais realmente eu gosto e que me são prazerosas. Por exemplo, gosto de dormir no conforto, ter a minha água do lado da cama. Estando em casa de minha mãe, parece ficar difícil discriminar o que é o meu gostar e o que é o gostar dela.*

E, dirigindo-se a mim: *O que é que você acha de eu sair da casa de minha mãe?* Pausa. Respondo: *você está querendo tomar uma certa distância, podendo construir um espaço onde possam entrar outras pessoas, é isso?* Ele balança a cabeça afirmativamente e eu continuo: *E de quem você precisa de permissão para tomar uma certa distância de sua mãe?*

Entendo que, naquele momento, Francisco formulou uma demanda transferencial ao analista enquanto instância paterna, para desalojá-lo da "casa da mãe". De fato, aí se encontra o drama de Francisco: *to be or not to be* o falo para a mãe.

O sonho do resgate

> Roubar é tomar posse daquilo que falta ao sujeito, cujo acento se apresenta mais do lado do feito em questão do que a título de enriquecimento. Ao mesmo tempo, ao pensarmos a droga como instrumento de transgressão, é evidente sua função de tornar presente a lei e, portanto, restituir a figura do pai, ali onde este não funcionou inteiramente (Bittencourt, 1993, p. 104).

Ao início de uma sessão, ao se deitar no divã (o que fazia há cerca de dois meses), Francisco disse ter tido um sonho em que se encontrava em companhia do irmão e do analista que também estava presente, *mas um pouco mais distante, discreto.* E continuou: *Eu estava arquitetando um roubo, um sequestro, e meu irmão me dava apoio! Você também me apoiava! Meu irmão não somente aprovava, como afirmava que iria também ganhar, caso o sequestro desse certo. Eu achava estranho, porque logo o meu irmão, que é todo correto, jamais apoiaria uma coisa dessas! Mas no fim tinha dado tudo errado e fiquei com muito medo de ser preso!*

O analisando deixou por instantes o sonho de lado e comentou que nos feriados fora, com a mãe, para a casa do irmão. *Estava aproveitando, mas apesar do conforto, do prazer, estava presente em mim um sentimento de viver subjugado. Na mesma hora tive um pensamento que talvez pudesse prejudicar essa minha vontade de ter autonomia, de tomar as rédeas de minha vida. Eu pensei: Meu irmão jamais vai deixar me faltar nada; nunca vou ficar na penúria ou em situação semelhante.*

Resolvi intervir, dizendo-lhe algo semelhante a: *Parece-me que você está dizendo aí que, por um lado, existe um Francisco que quer ser autônomo e, por outro, um outro Francisco que quer viver subjugado. Seria esse segundo o "bebê da mamãe"? Quem é então que precisa ser sequestrado?*

Ele respondeu de imediato: *Eu é que me sinto sequestrado.*

Fez uma pausa e continuou: *No domingo, saímos de lancha eu, o Paulo e duas garotas que ele havia convidado. E eu falei para ele: "Ih, Paulo! Quem diria que nós, que já fomos tão pobres, pudéssemos agora estar nessa situação tão boa!" Aí, o Paulo abriu um largo sorriso de satisfação. Mas, logo em seguida, fiquei triste e insatisfeito, pensando que eu em nada estava contribuindo para aquela nova situação, que minha contribuição era zero. E continuei pensando: "eu aqui todo bem-vestido por ele: bom relógio, camisa e calça de grife, tênis bacana".*

Falei: *E o que é que tudo isso teria a ver com o sonho do roubo, do sequestro?*

Francisco permaneceu em silêncio, como que paralisado. E finalmente falou, olhando para trás: *Você deve saber.* Ao que respondi: *Você é quem fez o sonho e sabe em algum lugar de você o que ele quer dizer.*

Continuei: *Por que será que no sonho o Paulo e eu estávamos de acordo com o sequestro? Seria o sequestro de quem?*

E ele disse: *É, no sonho você estava do meu lado! Talvez, eu querendo me resgatar do jugo da minha mãe, para que deixem de me ver como um coitadinho, um menino mimado?*

Eu disse: *Será que o sequestro é você fazer o resgate de você próprio de sua mãe? Você resgatar a sua autonomia de uma mãe que quer conservá-lo como seu bebê?*

Ele pareceu muito interessado nesta minha construção e concordou, fazendo movimentos afirmativos com a cabeça, parecendo emocionado. E disse, em tom tristonho: *Estou pensando no meu pai, eu sinto a falta dele!* E, então, houve uma longa pausa.

Respondi: *Fale dessa falta.*

Naquele momento, parecendo acessar ressignificações (novas facetas, novos aspectos, diferentes imagens paternas), ele respondeu de modo comovente: *É verdade que ele gostava de beber, mas ele trabalhava, era esforçado. A vida dele não era fácil, minha mãe era muito nervosa e o irritava muito. Ele conversava comigo, me dava atenção, muitas vezes. Nas minhas aflições, ele me dizia: "Não esquenta, filho! Não se preocupe, pode deixar que sua mãe resolve, e se o problema for dinheiro, é o seu irmão quem resolve. O Paulo tem o dinheiro, e o resto, a mãe resolve. E se não resolver, conte comigo".*

Eu disse: *"Conte comigo". É tudo o que você gostaria de escutar dele agora.* Ele respondeu: *Segundo minha mãe, meu pai tinha muitos defeitos, mas sinto falta desse pai mais próximo. Quando meu pai foi trabalhar longe, ele me escrevia querendo saber sobre mim. E dava-me conselhos, dizendo-me: "na vida você tem que ter um padrão ético, filho". Eu havia esquecido dessas palavras dele. Assim que meu pai morreu, comecei a ter medo de andar de avião.*

Ainda referindo-se ao sonho, eu lhe disse: *No sonho, é como se quisesse dizer algo à sua mãe, no estilo: "Vou-me roubar de você, porque somente assim posso ter qualidades semelhantes às de Paulo e recuperar as coisas boas do meu pai"?*

Francisco respondeu: *No sonho, Paulo era meu sócio no sequestro, e você me apoiava!*

Eu lhe respondo: *Você precisando da solidariedade dele e da minha. Será que o sonho não poderia também estar indicando que se, por um lado você ainda está nessa "mamata" – na mamãe, lugar onde foi alojado, lugar do bebê –, por outro, não indicaria também que você faz movimentos, ainda que hesitantes, para resgatar-se dela?*

Sabemos que a interpretação é, antes de tudo, um ato de palavra que engaja tanto o analista como o analisando. No entanto, esse ato não exclui a necessidade de o analista em sessão manter a atividade de "teorização flutuante". Atividade na qual deve vigorar o que Aulagnier (1989) propõe como sendo uma definição psicanalítica da emoção em sua relação à palavra e ao afeto. Para esta admirável psicanalista, o interpretável é visto como "objeto composto", jamais dado de imediato, e que somente pode se constituir no espaço do tempo da sessão que vai exercer uma ação de imantação e de seleção sobre os pensamentos que se apresentam à mente dos dois sujeitos no tempo desse encontro da interpretação. Tempo de encontro como "[...] colocação em palavras desta função – momento de encontro –, de concordância e de um compartilhar emocional que permite ao analisando ter acesso a algo possível até então excluído do seu leque de possibilidades relacionais" (Aulagnier, 1989, p. 401).

Um dos elementos fundamentais da pertinência do ato interpretativo está no fato de o analista poder, na medida do possível, renunciar às interferências pessoais em sua escuta, evitando parasitar a história do seu analisando, permanecendo, assim, receptivo aos elementos desconhecidos da história do analisando, que deverão advir.

Se tomarmos uma posição sobre o que se passou nesta experiência analítica, faço a hipótese de que a análise ajudou o analisando a elaborar uma organização edipiana, que existia em latência, e que fora posta fora do circuito pela droga.

10. Entrevistas preliminares com madame X ou “a criança presente”: sobre a psicanálise e o idoso

“Não tenho medo da morte
Mas sim medo de morrer
Qual seria a diferença
Você há de perguntar
É que a morte já é depois
Que eu deixar de respirar
Morrer ainda é aqui
Na vida, no sol, no ar
Ainda pode haver dor, hein?
Ou vontade de mijar
A morte já é depois
Já não haverá ninguém
Como eu aqui agora
Pensando sobre o além
Já não haverá o além
O além já será então
Não terei pé, nem cabeça
Nem fígado, nem pulmão
Como poderei ter medo, hein?
Se não terei coração?

Não tenho medo da morte
Mas medo de morrer, sim
A morte é depois de mim
Mas quem vai morrer sou eu
Derradeiro ato meu
Eu terei de estar presente
Assim como um presidente
Dando posse ao sucessor
Terei que morrer vivendo, hein?
Sabendo que já me vou
Aí nesse instante, sim,
Sofrerei quem sabe um choque
Um piripaque, ou um baque
Um calafrio ou um toque
Coisas naturais da vida
Como comer, caminhar
Morrer de morte matada
Morrer de morte morrida
Quem sabe eu sinta saudade, hein?
Como em qualquer despedida."
(Gilberto Gil, *Não tenho medo da morte*)

Tudo começou com um telefonema de uma senhora idosa que me solicitava uma entrevista para uma criança com dificuldades escolares, da ordem da inibição do aprendizado.

Naquela época, eu coordenava uma das sete equipes do Centre Alfred Binet[1], e a recebi primeiro em equipe, depois, em uma entrevista individual. Ao cabo de algumas entrevistas, tendo compreendido que, por meio da criança, Madame X fazia um pedido de socorro e de ajuda para si própria, decidi encaminhar a criança para um analista de crianças da equipe e continuar a

[1] Centro de Saúde Mental de Psiquiatria e Psicanálise para Crianças e Adolescentes da Association de Santé Mentale du 13ème Arrondissement de Paris.

escutar Madame X em entrevistas. Deixei a ela a iniciativa do ritmo de nossos encontros, que passaram a ser de dois semanais.

Ansiosa e deprimida, Madame X fazia-me perceber nas entrelinhas de seu discurso algo como: *estou com muito medo de morrer*. Em uma das entrevistas, deixou comigo o livro de Elizabeth K. Ross, *Sobre a morte e o morrer.*

No início daquelas entrevistas, ela parecia não acreditar no meu verdadeiro interesse em escutá-la. Naquela época, a minha pouca experiência clínica só fazia acentuar o preconceito de que com pessoas idosas não se faz psicanálise.

Sua aparência frágil e idade avançada eram uma tentação para me sentir movido a querer ajudá-la, sugerindo, aconselhando, protegendo etc. No entanto, preferi manter-me em uma postura e escuta psicanalíticas.

Comecei a perceber, a partir de um determinado momento, que alguns relatos de acontecimentos de seu passado eram trazidos para encobrir algo que não fora vivido, geralmente alguma coisa ligada à sexualidade, que se assemelhava a "lembranças encobridoras".

Logo depois de haver iniciado a falar de suas origens, infância e problemática familiar, Madame X deixou de vir às entrevistas. Passados alguns dias, eu soube, pela pessoa que havia feito a indicação, que ela não estava bem, que *se estava abandonando*, que havia quebrado o braço por mais de uma vez. Decidi telefonar-lhe e convidá-la a voltar às nossas entrevistas.

No seu retorno, compreendi que o seu desaparecimento das entrevistas era um abandono que ela me infligia e se infligia, e se tratava da expressão transferencial do abandono que ela havia sofrido quando tinha um ano de vida.

Tratava-se, então, de uma repetição em que o ato tem lugar de lembrança. Em um tempo cronológico, tratava-se da repetição de um abandono ocorrido há quase oitenta anos. Mas, para o inconsciente, que a nada renuncia, tratava-se de um abandono atual. Madame X contou-me, emocionada, que fora presenteada por sua mãe a uma amiga (madrinha da analisanda) quando tinha um ano de idade. Explicou que vivera toda vida em companhia dessa madrinha, que era solteira e morava na mesma rua que seus pais. Mais tarde, me disse que sua mãe, quando era solteira, tivera um caso amoroso com essa madrinha. Para Madame X, ela teria sido dada como presente para compensar o fato de a mãe ter se casado.

Após a compreensão-interpretação do abandono, surgiu nessa idosa senhora um surpreendente interesse e curiosidade pelo seu inconsciente: começou a se colocar questões, levando-me a considerar sua demanda de análise.

Nessa história, a palavra "presente" se apresenta como significante importante e decisivo na entrada da analisanda na transferência: "presente" no sentido de estar presente e "presente" no sentido de dom.

Madame X chegou, certo dia, para uma sessão, trazendo-me um presente muito valioso (obra de arte da família). Disse-lhe que, para o nosso trabalho analítico, seria melhor eu não o receber, mas que seria importante tentarmos compreender por que ela teria sentido a necessidade de presentear-me naquele momento. Ela pareceu compreender e, associativamente, lembrou-se de sua primeira entrevista comigo, na qual fizera o seu pedido de ajuda por meio da criança. Lembro-me de ter-lhe dito algo como: *A criança presente, fazendo-se presente, dar um presente...*

Ao que ela respondeu: *Eu dada como presente à minha madrinha*. E passou a explicar-me que aquele menino que trouxera para a entrevista era o neto de uma amiga com a qual mantivera uma relação homoerótica.

Esta experiência psicanalítica com Madame X teve efeitos terapêuticos e analíticos evidentes: começou como pedido de ajuda, transformando-se depois em demanda de análise. Análise que levou a analisanda a compreender, entre tantas coisas, que o relacionamento amoroso com a avó do menino, relacionamento este do qual tanto se culpava era, sobretudo, uma tentativa dela reencontrar a mãe. A experiência analítica parece ter proporcionado a Madame X a adoção de sua própria história, o que repercutiu muito favoravelmente no seu psiquismo, ajudando-a a sair de uma situação em que reinava um temor avassalador da morte, e para a retomada de um certo prazer de viver.

Freud (1915a), quando fala da atitude que adotamos em relação à morte, referindo-se à tendência inegável do homem para colocá-la de lado, para eliminá-la da vida, escreve: "Tentamos silenciá-la na realidade e dispomos até mesmo de um provérbio que diz 'pensar em alguma coisa como se fosse a morte'" (em alemão, no sentido de "pensar em algo improvável ou incrível"). De fato, diz Freud:

> [...] é impossível imaginar nossa própria morte e, sempre que tentamos fazê-lo, podemos perceber que ainda estamos presentes como espectadores. Por isso, a psicanálise pôde aventurar-se a afirmar que no fundo ninguém crê em sua própria morte, [...] no inconsciente cada um de nós está convencido de sua própria imortalidade (p. 327).

Para Zeferino Rocha (1993), poetas, filósofos e cientistas, de modos diferentes, têm se interrogado sobre o sentido da morte, procurando desvendar o que encobre seu enigma:

> Uns enfrentam-na com a indiferença dos epicuristas – por que nos preocuparmos com a morte? Enquanto existimos, ela não existe e quando ela existir, nós não mais

existiremos. Outros opõem à indiferença dos epicuristas a resignação dos estoicos. Os místicos enfrentam-na com uma aceitação silenciosa e confiante porque nela descortinam o começo da verdadeira vida. Outros, olhando-a como uma possibilidade que, a qualquer momento, pode se fazer sempre presente na trajetória de nossa existência, afirmam que é na confrontação com a possibilidade da morte que a vida adquire sua dimensão de autenticidade. E, finalmente, não falta a atitude de revolta daqueles que veem a morte como um absurdo, o qual faz da vida uma "paixão inútil" (p. 9-10).

Alguns idosos não aceitam o envelhecimento e, envergonhando-se de seus corpos, evitam o espelho que o olhar do outro, imaginariamente, devolve-lhes. Assim, por não poder elaborar as perdas com que se defrontam, correm o risco de também evitar a vida, saindo de cena, retirando-se da vida ainda em vida (Peres, 2004).

Em mim, o analista, um discurso interior foi-se produzindo, à medida que acompanhava o discurso da analisanda – Madame X –, percorrendo o tempo e o espaço da análise.

Se o discurso da analisanda remodelou e reconstruiu o tempo de sua história, a escuta do analista, paralelamente, reconstruiu o tempo da análise, interrogando as forças que percorreram seu espaço e elaborando, sessão por sessão, a história da transferência.

Essas duas histórias, a que narra os acontecimentos de uma vida e a que narra as aventuras da transferência, desenrolam-se lado a lado e remetem-se uma à outra. A escolha dos "acontecimentos-lembranças" ou dos "acontecimentos-imagens" que o traçado de qualquer sessão vai religar, deve ser compreendida como um efeito da transferência.

No caso de Madame X, oito anos se passaram até sua última sessão. Naquela época, ela já havia reatado laços familiares, visitava e recebia amigos, sentia grande prazer na leitura e na escrita, além de exercer algumas outras atividades que também lhe proporcionavam prazer. Em suma, havia encontrado um certo gosto pela vida.

Ao sentar-se para sua última sessão, entregou-me, como presente, um livro de gravuras de Bonnard, pintor que, por coincidência, muito aprecio – que continha na capa a gravura *La petite blanchisseuse,* com quem ela se identificava e sobre a qual muito havia falado durante suas sessões. Aceitei, agradecendo-lhe o presente. Daquela vez, ela trouxe novas significações sobre o que lhe evocava a tal gravura. Muito do nosso trabalho analítico consistiu em ajudá-la a fazer falar a "pequena lavadeira" nela existente.

Ao fim do nosso último encontro analítico, ela preencheu o cheque correspondente ao pagamento das sessões e eu a acompanhei até o portão, onde nos despedimos. A "*petite blanchisseuse*", baixinha, vestida com roupas nas quais já se permitia introduzir outras cores além do negro, e equilibrando-se com a ajuda de sua sombrinha, foi-se, acompanhada pelo meu olhar, enquanto caminhava entre as pedras do calçamento, até sumir na curva da rua.

Fiquei de enviar-lhe, via correio, o recibo de seu pagamento, para que pudesse ser reembolsada das despesas com o tratamento. Depois que ela foi embora, entretanto, eu não consegui encontrar o cheque que deveria ter-me entregue. Resolvi telefonar-lhe e ela disse ter-se apercebido de que havia recolocado o cheque dentro da bolsa. Alguns dias depois, junto com o cheque esquecido, recebi de sua parte um simpático bilhetinho dizendo que o que acontecera fora uma peça que lhe pregara o seu inconsciente, um ato falho, e que isto certamente tinha a ver com sua dificuldade em separar-se.

A transferência repete no microespaço e no microtempo de uma sessão e de uma análise o tempo e o espaço do passado. A eficácia da repetição transferencial consiste no fato de que aquilo que se busca é o que não aconteceu: pulsão deixada sem resposta. É na experiência psicanalítica que a compulsão à repetição poderá transformar-se em elaboração, promovendo uma mudança psíquica. A transferência é, pois, um movimento, por vezes vertiginoso, que nem sempre se esvai com o "término" da análise.

Quando Madame X interrogou, ao fim do percurso de sua sessão, o enigma do objeto causa de seu desejo, ela anunciou uma questão que se endereçava, desta vez, não mais ao representante projetado sobre o analista, mas ao que o analista, enquanto tal, representa: a garantia da existência de um saber sobre seu desejo, que somente esse modelo de discurso pode esperar atingir, e que pode sozinho permitir ao sujeito a reapropriação de seu direito a viver, a gozar, a libertar o seu corpo do perigo inerente às feridas que não querem cicatrizar.

O que a experiência analítica proporcionou a Madame X foi a possibilidade de ressignificação de sua história. Para ela, entrar em contato com o passado era deparar-se com a vivência traumática de perda da relação materna. Perda responsável pela angústia de separação que parecia ter-se associado à fantasia de morte.

Haver tomado consciência, na experiência da análise, da relação que estabelecia entre a perda do objeto materno e a morte possibilitou a Madame X transformar seu passado em experiências que puderam ser revividas: o passado deixou de ser um passado no qual só era reconhecida a estaticidade, tornando-se uma memória em movimento, transformada em um novo tempo.

Podemos, então, pensar que a experiência analítica significou para Madame X um movimento criativo que transformou o medo da morte em memória viva. Graças à atemporalidade do inconsciente, o que estava paralisado pelo medo ganhou em Madame X vida.

No entanto, não podemos deixar de considerar que o fato de Madame X ser uma pessoa idosa evocava questões próprias ao envelhecimento, inclusive sua vinculação com a morte. Para vivenciar o envelhecimento como um novo horizonte, temos antes de admitir que nele a morte se apresente como fim, pois, trazendo a morte para a vida, podemos verdadeiramente amar a vida, como aponta Freud (1915a), em seu texto "Nossa atitude para com a morte".

O envelhecimento talvez possa ser metaforicamente comparado ao que Cartola poetou em sua composição *O inverno do meu tempo*[2], na qual diz que "os sonhos do passado no passado estão presentes no amor que não envelhece jamais".

Memória e vivificação do passado

Zeferino Rocha (2007), em seu rico trabalho *Esperança não é esperar, é caminhar*, mostra-nos que para Heidegger o tempo seria o inter-relacionamento do passado e do futuro na dinâmica do presente. Neste caso, seria abolida a noção de tempo como sucessão linear de "*agoras*", em que o passado é definido como um "nunca mais". O passado se alimentaria do vigor do

[2] Cartola & Roberto Nascimento. LP *Cartola 70 anos* (RCA, 1979).

presente, pois "[...] o que fomos não deixa de estar presente naquilo que somos". Heidegger (*apud* Rocha, 2007) designaria esta apresentação do passado no presente como "o vigor de ter sido". No comentário de Zeferino Rocha (2007), nesse vigor reside uma força de *atualização*, de expressão das forças ativas do passado – que, como tal, resistiriam ao novo – e das forças do presente, que se projetam no que *está por vir*.

> Portanto, no instante do nosso presente, há uma luta entre o que se impõe como novidade às forças do nosso já constituído e uma abertura para o futuro, na qual se projeta o que se espera, o que está por-vir (*Zukunft*), mas que já está presente como projeto (p. 12).

Haveria, assim, uma "dialética da existência" na qual ao "não mais" – decorrente da morte das possibilidades – se contrapõe o "ainda não" – como *tempo da esperança*:

> [...] o "ainda não" da esperança volta-se para o futuro, mas sem deixar de fincar suas raízes no presente, como *solo revigorado do ter sido*, tempo de nossas decisões e escolhas. E é isto que distingue a esperança de uma simples quimera (Rocha, 2007, p. 13).

É nessa dinâmica temporal, marcada pela "esperança", que o envelhecer pode ser vivenciado como conjugação de habilidades exercidas no passado com a capacidade de manter atuais os sentimentos e experiências de amor, amizade, solidariedade, possibilitando o despertar e o sustentar do movimento criativo.

Como bem escreveu Carlos Drummond de Andrade (1945): "A cada dia que vivo, mais me convenço de que o desperdício da vida está no amor que não damos, nas forças que não usamos, na prudência egoísta que nada arrisca. E, esquivando-nos do sofrimento, perdemos também a felicidade" (p. 36).

De outra maneira, Paulinho da Viola também reafirma essa noção de passado no presente, quando lembra: "Não sinto saudades porque não vivo no passado; o passado é que vive em mim"[3].

Assim, revitalizado, o passado atualiza-se no presente. Em um presente que necessita ganhar expressão em cada história de vida, em cada corpo: corpo-mão, corpo-pé, corpo-voz, corpo-mente, corpo-olho e corpo-memória. A possibilidade de criar a partir do que se tem confere vigor a cada vida, pois confirma o seu encantamento, o que nela há de desconhecido e mágico. Magia que possibilita "criar a criação".

"Viver a vida pela vida", como disse Darcy Ribeiro em uma entrevista:

> Eu me exerci de várias formas. Se me exercesse só como político ou só como educador, teria mais profundidade no que faço, mas vivi a vida pelo gosto de viver, porque viver é gostoso. Exercer papéis diferentes permite que você enxergue melhor (Goldfeld, 1997).

O que torna a vida difícil não é a realidade, mas sua negação dela. Assim, a tristeza provocada pelo envelhecimento só se torna patológica quando negamos a crueza da vida. E nada melhor para evitar essa negação do que as experiências de criatividade. Como lembra Freud, citando o filósofo Heine, "Deus criou o mundo para não adoecer" (1914, p. 2004).

Roetzler de Casella (2009, p. 8), na introdução do seu trabalho *O idoso diante da morte*, fala-nos de uma "nova velhice"

3 Citação de Zuenir Ventura no Jornal *O Globo*, Rio de Janeiro, 19 de agosto de 2000.

no Ocidente contemporâneo, retratada nas várias mídias. Essa autora ressalta que falar do envelhecer é falar também da morte, e que o medo da morte se manifesta de distintas maneiras. Para alguns, apresenta-se como inquietação, um não saber o que fazer, por meio de sintomas físicos ou psíquicos, por vezes sob forma de depressão; para outros, manifesta-se pela angústia paralisante da vida, retirando o bem-estar do sujeito.

Se o luto é resposta a uma perda significativa, essa perda pode ser qualquer uma, mas é particular de cada um. Peres (2004) nos lembra que as perdas, inerentes ao viver, vão se acumulando e "fazendo consistência no percurso da vida" (p. 20). Perdas que acarretam estados de ânimo dolorosos, ressentimentos, inibição de funções e a concentração do interesse na memória do que foi perdido. Elas podem inviabilizar a eleição e o investimento em novos objetos, em novos ideais etc., e paralisar a vida. A saída desse estado é realizada com o processo de trabalho do luto.

Para Freud, há uma diferença significativa entre luto e melancolia. Enquanto o luto se sustenta na "esperança", a melancolia é vivida no "desamparo". Zeferino Rocha (2007, p. 19), lembra-nos que para Freud, no trabalho do luto, "[...] o mundo se esvazia, porque quem chora a perda de alguém concentra toda sua libido na lembrança do que está sendo pranteado". Segundo este autor, Freud teria resumido o essencial do trabalho do luto em duas palavras: *Lösung* e *Ablösung*.

> A palavra *Lösung* significa solução, mas no contexto do luto ela poderia ser traduzida pela expressão "soltar laços", "desfazer nós". Tudo isso em vista de uma *Ablösung*, ou seja, de uma "substituição", precisamente a substituição do objeto, cuja perda se chora no trabalho do luto. Esta [substituição] só será feita quando todos os laços tiverem sido soltos e os fios estiverem novamente em condição

> de poderem ser usados para fazer novos laços e para dar novos nós (Rocha, 2007, p. 157).

Enquanto o trabalho do luto abre a possibilidade de novos e inesperados encontros, evocando, assim, a pulsão de vida, na melancolia predomina a pulsão de morte, uma vez que há uma identificação narcísica com o objeto ausente, perdendo-se o amor pela vida.

Pode-se dizer que o envelhecimento "positivo" é aquele no qual predomina um estado permanente de luto, ao contrário de um envelhecimento negativo, em que prevalece um estado de melancolia.

Peres (2004) põe ênfase na ideia de que a consciência da velhice advém por intermédio do outro. Ela lembra que Simone de Beauvoir, na obra *A velhice* (1990), entende a velhice como uma relação entre o que se é para o outro e a conscientização do si-mesmo que advém por intermédio do outro: "Em mim, é o outro que é idoso, quer dizer aquele que eu sou para os outros: e esse outro sou eu" (p. 14).

A tristeza provocada pela constatação das perdas que traz o envelhecimento pode tornar-se tanto um estado de fragilidade que demarca uma fronteira entre os que envelhecem e os *vivos*, como o vislumbrar de um novo horizonte.

Quando prevalece a noção de que o envelhecimento se opõe à vida, o homem tende a se isolar. Como ressalta Elias (2001), o envelhecimento pode gerar uma situação na qual o homem se torne "[...] menos sociável e seus sentimentos menos calorosos, sem que se extinga sua necessidade dos outros" (p. 17). A dificuldade em aceitar que o velho continue necessitando de vínculos de sociabilidade e de manter-se próximo a tudo aquilo que lhe dava "sentido de vida e segurança" (p. 8) faz do envelhecimento um estado de permanente tristeza.

Entretanto, quando o envelhecimento é visto como um novo ciclo, ele traz a percepção do nascer de um outro horizonte. Nesse estado, será exigido que a pessoa reconheça o que foi perdido ou transformado em si mesma, pois só assim será possível positivar o envelhecimento e mesmo a vivência de tonalidade depressiva que faz parte da elaboração. Portanto, a tristeza provocada pelo envelhecimento pode ser fruto da própria consciência do desenrolar de um processo de transformação, e não um estado necessariamente patológico.

No entanto, a tristeza torna-se um fenômeno patológico quando a realidade do envelhecimento é negada ou, ainda mais, quando há recusa do envelhecimento. Este termo, recusa, é aqui usado em analogia com o conceito freudiano de recusa (*Verleugnung*), empregado por Freud no sentido específico de modo de defesa diante da angústia de castração, que consiste em uma recusa, pelo perverso, de reconhecer a realidade de uma percepção traumatizante, essencialmente a da ausência de pênis na mulher. Este mecanismo é evocado por Freud em particular para explicar o fetichismo.

Como bem nos lembra Ferraz (2005), a recusa do envelhecimento, "[...] na qualidade de recusa do tempo encarnado no próprio sujeito", tem seu correlato na "[...] recusa do tempo encarnado no objeto" (p. 60), frequente sobretudo nos homens em uma conduta de descarte de parceiros que envelhecem. Esse "horror ao envelhecimento" é um fenômeno mais do que arraigado na chamada "normalidade" cultural, "[...] somente sendo considerado patológico quando chega a extremos, como no caso de Dorian Gray" (p. 64). Assim, nos diz Ferraz, os disfarces da idade, tão corriqueiros e normais, são parte de uma linha contínua que, ao adentrar o terreno da perversão, pode transformar-se em outras modalidades correlatas de substituição do autêntico pelo falso. É neste ponto que podem surgir, entre outras formações, o "fetiche pela prótese" (idealização do falso), como afirma Chasseguet-Smirgel *apud* Ferraz (2005, p. 60).

Segundo Ferraz (2005), para Lanteri-Laura (1994) "[...] há na perversão uma negação do tempo e da morte, expressa em uma fixação na pré-genitalidade" (p. 60). Para aquele autor,

> [...] as perversões aproximam-se da morte, na medida em que desconhecem a temporalidade: como denegação de um encadeamento, preferência atribuída a um instante eternizado e recusada ao desenvolvimento no tempo, elas se situam no extremo oposto da vida, não apenas por serem biologicamente estéreis e não gerarem ninguém, mas principalmente por provirem da negação do tempo (Lanteri-Laura, *apud* Ferraz, 2005, p. 62).

No entanto, as perdas vividas podem também conduzir o sujeito a efetivar um novo encontro consigo mesmo. É nesse reencontro que se pode situar o trabalho das elaborações criativas, sendo a primeira delas o diálogo que cada um pode travar com sua própria história.

Também se revela de fundamental importância, para que se criem alternativas, a consciência de que as perdas trazidas pelo envelhecimento são de qualidade diferente daquelas que ocorrem em outros ciclos vitais.

Não se deve desconsiderar que, até chegarmos à tomada de consciência provocada pelo envelhecimento, já vivemos outros lutos, decorrentes de mutações próprias da vida. A passagem da infância para a adolescência, por exemplo, comporta perdas e mudanças que podem provocar vivências de tonalidade depressivas, uma vez que tal processo implica a perda, entre outras, da dependência materna, de um corpo definido por sua infantilidade. Essas perdas, no entanto, nos lançam para um mundo novo, ainda desconhecido. Nele nos confrontamos com novas exigências que nos obrigam a reconhecer um outro corpo e nos lançam para um universo de novas responsabilidades e atividades. Iniciamos um outro ciclo da vida. A passagem da adolescência para a vida adulta também é caracterizada por uma revolução, por transformações biopsíquicas que, por vezes, provocam também vivências de tonalidade depressiva, já que compreendem perdas e o confronto com o novo: um novo corpo que, deixando para trás a indefinição, passa a ser exigido em força, vigor, destreza, habilidade e capacidade.

Nessas várias travessias (verdadeiros rituais de vida), encontramos, em geral, elementos de identificação que são parâmetros a acenar para a construção de projetos que acreditamos fazer parte do futuro.

Em contrapartida, se o envelhecer for acompanhado da vivificação do passado, pode tornar-se fonte propulsora de renovação e redescoberta. Lembro-me de uma visita que realizei com um grupo de amigos à casa da poetisa e doceira Cora Coralina, em Goiás Velho, no ano de 1982. Mulher simples e carismática, tanto por sua arte de poetar, cozinhar e outras, como por sua autenticidade e generosidade. No fim da visita, cada um de nós, ao adquirir um livro da poetisa, desejava um autógrafo. A todos surpreendeu a maneira como ela procedeu: antes de autografar, Cora Coralina manteve uma conversa privada com cada um de nós. O que ela escreveu no meu livro, que guardo com muito carinho, até hoje reverbera como uma vivificação de minha memória familiar: "[...] Fernando Rocha – A vida é boa e nós podemos fazê-la sempre melhor. E o melhor da vida é o trabalho. Você tem, além da força de sua mocidade, um potencial imenso de apoio – a Rocha do seu nome. Nas aperturas da vida, lembre-se dela".

Poetando a vida, Cora Coralina faz lembrar o sentimento de rejuvenescimento ou de eternização do homem, possível, nesse caso, por meio da arte – forma de ultrapassar o tempo –, busca tão bem atestada pelos antigos mitos.

"Meu tempo passou... não! Meu tempo é esse"[4].

Referindo-se à "essência da alegria musical", Clément Rosset (2000) escreve:

> É evidente que em Nietzsche, como em outros, a música é o momento do mais intenso júbilo vital, gozo comparável e superior a qualquer outro gozo físico e psíquico, notadamente sexual. [...] A alegria de ser culmina na expressão musical, momento em que se encontra a suprema e última realização. Para outros, isso se passa de modo diferente, e não há, naturalmente, lugar para deduzir daí um júbilo menor (p. 53).

Júbilo talvez comparável ao rejuvenescimento das águias, no antigo mito da cultura mediterrânea. Conta o mito que de tempos em tempos a águia, como a fênix egípcia, se renova totalmente. Por voar cada vez mais alto, até chegar perto do sol, suas penas se incendeiam e ela se lança qual flecha nas águas frias do lago. A experiência de fogo e de água propicia à velha águia rejuvenescer, voltando a adquirir novas penas, garras afiadas, olhos penetrantes e o vigor da juventude. Leonardo Boff (2013) associa esse mito ao Salmo 103, que diz: "O Senhor faz com que minha juventude se renove como uma águia".

4 Mário Lago, citado por João Máximo em artigo do jornal *O Globo* – Segundo Caderno, Rio de Janeiro, 23 de março de 2006.

Mas podemos também associar o rejuvenescer da águia com o ato de entregar à morte o velho que em nós habita e que não nos engrandece: os hábitos e as atitudes que não nos dignificam, como a falta de solidariedade, o desinteresse pelo bem comum, a vontade de ter razão e vantagem em tudo, ou mesmo o desrespeito para com os seres vivos, além do homem. Somente quando entregamos esse velho à morte é que podemos renascer e rejuvenescer tal como a águia: recomeçar, podendo ouvir o novo, aprender com o velho e revisitar o passado.

Assim, neste campo de luta, entre o "não mais" que será instalado pela morte e o "ainda não" que se abre como tempo da esperança, tal como escreveu Zeferino Rocha (2007),

> [...] o homem é um peregrino e seus pés não se cansam de criar novos caminhos, pois seu destino é caminhar e sua alma é uma "alma viageira". Por isso, o fim a que chega em cada etapa de sua grande viagem é de onde ele sempre está partindo para novas estradas e para novas aventuras (p. 19).

E a "nova aventura" na qual a viagem analítica lança o sujeito é a de confrontá-lo com uma viagem interminável. Viagem cujo "término" só pode ocorrer do ponto de vista formal, já que a análise é, por princípio, uma experiência interminável: a análise deve conduzir o sujeito ao processo de autoanálise. Essa "interminabilidade" é, portanto, intrínseca ao processo analítico. A capacidade de autoanálise pode se instalar quando há a perda de ilusões. Quando o analisando não mais espera que venha do Outro – o analista – a realização de seu desejo, e, em um estado de serenidade, perde a ilusão de receber do analista o preenchimento de sua demanda de amor.

Senhor de seu próprio desejo, o analisando compreende que o analista não tem mais nada a lhe dar, uma vez que já pode reconhecer em si próprio uma mudança de posição. Já se pode confrontar com sua castração.

Portanto, uma análise termina quando se instala o luto pela perda das ilusões. Assim, o término de uma análise compreende a separação que o analisando opera em relação ao analista e passa a redirecionar sua demanda de amor para fora da análise.

Uma viagem analítica termina quando o sujeito pode estar bem acompanhado por sua solidão, adquirindo autonomia nas escolhas de sua "tripulação" na viagem da vida.

Referências

ANDRÉ, J. L'évenement et la temporalité: l'après coup. *Revue Française de Psychanalyse*, v. LXXIII, n. 5, pp. 1285-1352, 2009.

ANZIEU, D. *A autoanálise de Freud e a descoberta da psicanálise*. Porto Alegre: Artes Médicas, 1989.

ARTAUD, A. Segurança pública: a liquidação do ópio. In: WILLER, C. (Org.) *Os escritos de Antonin Artaud*. Porto Alegre: L&PM, 1983.

AULAGNIER, P. Remarques sur la structure psycotique. *La Psychanalyse*, n. 8, pp. 47-67, 1964.

______. La perversion comme structure. *L'Inconscient*, n. 2, pp. 11-41, 1967.

______. Temps de parole et temps de l'écoute: remarques cliniques. *Topiques*, n. 11-12, pp. 41-69, 1973.

______. As primeiras entrevistas e os movimentos de abertura. In: *O aprendiz de historiador e o mestre feiticeiro:* do discurso identificatório ao discurso delirante. São Paulo: Escuta, 1989.

______. L'interprétable et l'interprété. *Topique*, n. 61, pp. 391-401, 1996.

BARROS, M. *Retrato do artista quando coisa*. Rio de Janeiro: Record, 1998.

BAUDRILLARD, J. *A transparência do mal:* ensaios sobre fenômenos extremos. Campinas: Papirus, 1990.

BAUMAN, Z. *O mal-estar na pós-modernidade*. Rio de Janeiro: Jorge Zahar, 1997.

BEAUVOIR, S. *A velhice*. Rio de Janeiro: Nova Fronteira, 1990.

BEZERRA, J. C. *O semeador de ausências*. Rio de Janeiro: Record, 1967.

BIRMAN, J. O valor da psicanálise. In: ROPA, D. & MAURANO, D. (Org.) *Agenda de psicanálise*. Rio de Janeiro: Xenon, 1989.

BITTENCOURT, L. *A clínica das entrevistas preliminares nas toxicomanias:* a desmontagem da demanda de tratamento. Trabalho apresentado para a equipe do NEPAD. Rio de Janeiro: UERJ, 1992.

______. Algumas considerações sobre a neurose e a psicose nas toxicomanias. In: ACSELRAD, D. & INEM, C. (Org.) *Drogas:* uma visão contemporânea. Rio de Janeiro: Imago, 1993.

______. O rei está nu: um dos avatares da função paterna na sociedade contemporânea. In: BAPTISTA, M., SANTOS, M. & MATIAS, R. (Org.) *Drogas e pós-modernidade:* prazer, sofrimento e tabu. Rio de Janeiro: UERJ, 2003.

BOFF, L. (2013) Coragem para se renovar. Disponível em: https://leonardoboff.wordpress.com/2012/12/31/2013-coragem-para-se-renovar/. Acesso em: 07 jul. 2015.

BOHADANA, E. *Psicanálise e tragédia:* a im-pulsão da palavra. Rio de Janeiro: Revinter, 1996.

BOUCHARD, C. & PORTE, J. M. Argument. *Revue Française de Psychanalyse*, v. 62, n. 1, pp. 4-10, 1998.

BRAUNSCHWEIG, D. & FAIN, M. *La nuit, le jour*: essai psychanalytique sur le fonctionnement mental. Paris: PUF, 1975.

BRONTË, E. *O morro dos ventos uivantes*. Rio de Janeiro: Globo, 1947.

DOLTO, F. *La difficulté de vivre*. Paris: Interéditions, 1981.

DONNET, J. L. *Le divan bien temperé*. Paris: PUF, 1975.

DOR, J. *Estrutura e perversões*. Porto Alegre: Artes Médicas, 1987.

______. *Introdução à leitura de Lacan*. Porto Alegre: Artes Médicas, 1989a.

______. *O pai e sua função da psicanálise*. Rio de Janeiro: Zahar, 1989b.

______. *Estruturas e clínica psicanalítica*. Rio de Janeiro: Timbre-Taurus, 1991.

DRUMMOND DE ANDRADE, C. *A rosa do povo*. Rio de Janeiro: José Olympio, 1945.

ELIAS, N. *A solidão dos moribundos*. Rio de Janeiro: Jorge Zahar, 2001.

FAIN, M. & DEJOURS, C. *Corps malade et corps* érotique. Paris: Masson, 1984.

FERENCZI. S. Elasticidade da técnica psicanalítica. In: *Obras completas*: Psicanálise IV. São Paulo: Martins Fontes, 1992.

FERRAZ, F. C. *Tempo e ato na perversão*. São Paulo: Casa do Psicólogo, 2005.

FREUD, S. (1887-1904) *A correspondência completa de Sigmund Freud para Wilhem Fliess* (editado por Jeffrey Moussaieff Masson). Rio de Janeiro: Imago, 1996.

FREUD, S. (1889) Sur les souvenirs-écrans. In: *Névrose, psychose et perversion*. Paris: PUF, 1973.

______. (1891) *Contribution à la conception des aphasies*. Paris: PUF, 1983.

______. (1895a) Projeto para uma psicologia científica. In: *Edição Standard Brasileira das Obras Psicológicas Completas*. Rio de Janeiro: Imago, 1969; v. I.

______. (1895b) Qu'il est justifié de séparer de la neurasthénie un certain complexe symptomatique sous le nom de "névrose d'angoisse". In: *Névrose, psychose et perversion*. Paris: PUF, 1973.

______. (1900) *L'interprétation des rêves*. Paris: PUF, 1967.

______. (1904) *Cinq leçons sur la psychanalyse*. Paris: Petite Bibliothèque Payot, 1989.

______. (1904-1905) Sobre a psicoterapia. In: *Edição Standard Brasileira das Obras Psicológicas Completas*. Rio de Janeiro: Imago, 1969; v. II.

______. (1905) Fragments d'une analyse d'hystérie (Dora). In: *Cinq psychanalyses*. Paris: PUF, 1970.

______. (1912) *Totem et tabou*. Paris: Petite Bibliothèque Payot, 1970.

______. (1913) Le début du traitement. In: *La technique psychanalytique*. Paris: PUF, 1970.

______. (1914) Introducción al narcisismo. In: *Obras completas*. Madrid: Biblioteca Nueva, 1972; v. VI.

______. (1915a) Reflexões para os tempos de guerra e morte. In: *Edição Standard Brasileira das Obras Psicológicas Completas*. Rio de Janeiro, Imago, 1969; v. XIV.

______. (1915b) Repressão. *Op. cit*, v. XIV.

______. (1915c) Observations sur l'amour de transfert. In: *La technique psychanalytique*. Paris: PUF, 1970.

______. (1920) Além do princípio do prazer. In: *Edição Standard Brasileira das Obras Psicológicas Completas*. Rio de Janeiro: Imago, 1969; v. XVIII.

______. (1926) A questão da análise leiga. *Op. cit*, v. XX.

______. (1927) Le fétichisme. In: *La vie sexuelle*. Paris: PUF, 1970.

______. (1937) Análise terminável e interminável. *Op. cit*, v. XXIII.

______. *Sigmund Freud présenté par lui-même*. Paris: Gallimard, 1984.

GANTHERET, F. La haine en son principe. *Nouvelle Revue de Psychanalyse*, n. 33, pp. 63-74, 1986.

GIL, G. *Não tenho medo da morte*. Rio de Janeiro: GG Edições Musicais, s.d.

GOLDFELD, Z. *Encontros de vida*. Rio de Janeiro: Record, 1997.

GREEN, A. L'analyste, la symbolisation et l'absence. *Nouvelle Revue de Psychanalyse*, n. 10, 1974.

GRUNBERGER, B. & CHASSEGUET-SMIRGEL, J. (Org.) *L'Oedipe, un complexe universel*: les grandes découvertes de la psychanalyse. Paris: Tchou, 1997.

GUIMARÃES, D. *Voz na luz*: psicanálise e cinema. Rio de Janeiro: Garamond, 2004.

HANNS, L. A. *Dicionário comentado do alemão de Freud*. Rio de Janeiro: Imago, 1996.

HERRMAN, F. A cura. *Alter*, v. XIX, n. 1, pp. 117-125, 2005.

HESÍODO. *Teogonia:* a origem dos deuses. São Paulo: Iluminuras, 2006.

KEHL, M. R. *O tempo e o cão:* a atualidade das depressões. São Paulo: Boitempo, 2009.

KLEIN, M. Le deuil et ses rapports avec les états maniaco-dépressifs. In: *Essais de psychanalyse*. Paris: Payot, 1980.

LACAN, J. Remarques sur le rapport de Daniel Lagache. In: *Psychanalyse*. Paris: PUF, 1958.

______. *Écrits*. Paris: Seuil, 1966.

______. *Séminaire III*: les psychoses. Paris: Seuil, 1981.

______. A significação do falo. In: *Escritos*. São Paulo: Perspectiva, 1988.

LAGACHE, D. La psychanalyse et la structure de la personalité. *La Psychanalyse*. Paris: PUF, 1958.

LANTERI-LAURA, G. *Leitura das perversões*. Rio de Janeiro: Zahar, 1994.

LAPLANCHE, J. & PONTALIS, J.-B. *Vocabulaire de la psychanalyse*. Paris: PUF, 1968.

LECLAIRE, S. *On tue un enfant*. Paris: Seuil, 1975.

LINS, M. I. A. Ver-se e ser visto na terceira idade. *Revista do Centro de Estudos Winnicotianos*, v. 5, n. 2, pp. 459-468, 2003.

LOWENKRON, A. Sobre a clínica psicanalítica da atualidade: novos sintomas ou novas patologias? *Revista Brasileira de Psicanálise*, v. 37, n. 4, pp. 993-1008, 2003.

MACALPINE, I. L'evolution du transfert. *Revue Française de Psychanalyse*, v. XXXVI, n. 3, 1972.

MANNONI, M. *L'enfant arrièré et sa mère*. Paris: Seuil, 1964.

______. *La primera entrevista con el psicoanalista*. Buenos Aires: Granica, 1973.

MARQUES LEITE, J. F. & NOVAES JORDÃO, A. J. *Dicionário latino vernáculo*. Rio de Janeiro: Lux, 1956.

MARTY, P. *Psychosomatique de l'adulte*. Paris: PUF, 1990.

MCDOUGALL, J. *Théâtres du corps*. Paris: Gallimard, 1989.

MILLER, P. *Le Psychanalyste pendant la séance*. Paris: PUF, 2001.

NASIO, J.-D. *A histeria*: teoria e clínica psicanalítica. Rio de Janeiro: Jorge Zahar, 1990.

______. *Como trabalha um psicanalista*. Rio de Janeiro: Jorge Zahar, 1999.

______. *Os grandes casos de psicose*. Rio de Janeiro: Jorge Zahar, 2001.

PERES, M. R. S. O homem e as marcas do tempo. In: MONTEIRO, D. M. R. (Org.) *Dimensões do envelhecer*. Rio de Janeiro: Revinter, 2004.

PONTALIS, J.-B. *Après Freud*. Paris: Gallimard, 1968.

______. Bornes et Confins. *Nouvelle Revue de Psychanalyse*, n. 10, (Dir.)|Paris: Gallimard, 1974.

______. Les actes. *Nouvelle Revue de Psychanalyse*, n. 31, Paris: Gallimard, 1985.

______. *Perdre de vue*. Paris: Gallimard, 1988.

QUINODOZ, D. *As entrevistas preliminares*: ou como despertar o desejo de fazer uma análise em um paciente que não sabe em que isso consiste. Porto Alegre: Sociedade Brasileira de Psicanálise de Porto Alegre, 2007. Inédito.

QUINTANA, M. Emergência. In: *Apontamentos de história sobrenatural*. Porto Alegre: Globo, 1977.

______. *Antologia poética*. Porto Alegre: L&PM, 2003.

ROCHA, F. J. B. Algumas considerações sobre as entrevistas preliminares, demanda e início de análise. *Percurso*, ano III, n. 5-6, pp. 15-21, 1991.

______. Do pedido de ajuda à demanda de análise: sobre escuta psicanalítica e entrevistas preliminares. *Alter*, v. XIX, n. 1, pp. 29-41, 2000.

______. Sobre a identidade do psicanalista. *Revista Brasileira de Psicanálise*, v. 37, n. 2-3, pp. 461-483, 2003.

ROCHA, Z. *Freud*: aproximações. Recife: UFPE, 1993.

______. Esperança não é esperar, é caminhar: reflexões sobre a esperança e suas ressonâncias na teoria e clínica psicanalíticas. *Revista Latinoamericana de Psicopatologia Fundamental*, v. X, n. 2, pp. 255--273, jun. 2007.

ROETZLER DE CASELLA, A. S. *O idoso diante da morte*. Trabalho de Conclusão de Curso de Pós-Graduação em Geriatria Clínica. Rio de Janeiro: Hospital Pró-Cardíaco, 2009.

ROSSET, C. *Alegria*: a força maior. Rio de Janeiro: Relume-Dumará, 2000.

SARAMAGO, J. *Ensaio sobre a cegueira*. São Paulo: Companhia das Letras, 1975.

______. Traduzir. In: *Cadernos de Saramago*. Disponível em: <http://caderno.josesaramago.org>. Acesso em 02 jul. 2009.

SAUSSURE, F. *Curso de linguística geral*. São Paulo: Cultrix, 1967.

SCHAIDERMAN, R. Política de formação em psicanálise: alinhavando algumas anotações de leitura. *Percurso*, ano I, n. 1, pp. 11-15, 1988.

SILVESTRE. M. *Amanhã, a psicanálise*. Rio de Janeiro: Jorge Zahar, 1991.

VERNANT, J. P. *A morte nos olhos*. Rio de Janeiro: Jorge Zahar, 1988.

VIRILIO, P. *A máquina de visão*. Rio de Janeiro: José Olympio, 1988.

WIDLÖCHER, D. *Psychanalyse aujourd'hui, un problème d'identité*: l'identité du psychanalyste. Paris: PUF, 1979.

WILLER, C. Segurança pública: a liquidação do ópio. In: *Os escritos de Antonin Artaud*. Porto Alegre: L&PM, 1983.

ZALCBERG, M. *Amor paixão feminina*. Rio de Janeiro: Campus, 2007.

Coleção Clínica Psicanalítica

Artesã Editora – Títulos publicados

A cena hospitalar: psicologia médica e psicanálise
Alfredo Simonetti

Adicções
Decio Gurfinkel

Adoção
Gina Khafif Levinzon

Adolescência
Tiago Corbisier Matheus

Autorização e angústia de influência em Winnicott
Wilson Franco

Borderline
Mauro Hegenberg

Cena incestuosa
Renata Udler Cromberg

Clinicar na atualidade
Vera Lúcia Silva Prazeres

Complexo de Édipo hoje?
Nora B. Susmanscky de Miguelez

Corpo – Em breve
Maria Helena Fernandes

Entrevistas preliminares em psicanálise – Em breve
Fernando Rocha

Estresse
Maria Auxiliadora de A. C. Arantes, Maria José Femenias Vieira

Histeria
Silvia Leonor Alonso, Mario Pablo Fuks

Narcisismo e vínculos
Lucía Barbero Fuks

Neurose obsessiva
Rubia Delorenzo

Orientação profissional
Maria Stella Sampaio Leite

Paranoia
Renata Udler Cromberg

Psicanálise da família
Belinda Mandelbaum

Psicopatia
Sidney Kiyoshi Shine

Psicoterapia breve psicanalítica
Mauro Hegenberg

Psicoterapia breve psicanalítica de casal
Mauro Hegenberg

Trabalho do negativo
Vera Lamanno-Adamo

Transexualidades
4ª edição
Paulo Roberto Ceccarelli

Transtornos de pânico
Luciana Oliveira dos Santos

Violência – Em breve
Maria Laurinda Ribeiro de Souza

Violência e masculinidade
– Em breve
Susana Muszkat

Coleção Clínica Psicanalítica

Casa do Psicólogo / Pearson - Títulos publicados

Acompanhamento terapêutico
Maurício Porto

Acontecimento e linguagem
Alcimar Alves de Souza Lima

Amor e fidelidade
Gisela Haddad

Anomia
Marilucia Melo Meireles

Autismo
Ana Elizabeth Cavalcanti, Paulina Schmidtbauer Rocha

Autorização e angústia de influência em Winnicott
Wilson Franco

Cidade e subjetividade
Flávio Carvalho Ferraz

Clínica da exclusão
Maria Cristina Poli

Clínica do continente
Beatriz Chacur Mano

Clínica do trabalho
Soraya Rodrigues Martins

Consultas terapêuticas
Maria Ivone Accioly Lins

Crise pseudoepiléptica
Berta Hoffmann Azevedo

Crítica à normalização da psicanálise
Mara Caffé

Demências
Delia Catullo Goldfarb

Depressão
Daniel Delouya

Desafios para a técnica psicanalítica
José Carlos Garcia

Desamparo
Lucianne Sant'Anna de Menezes

Disfunções sexuais
Cassandra Pereira França

Distúrbios do sono
Nayra Cesaro Penha Ganhito

Ecos da clínica
Isabel Mainetti de Vilutis

Emergências psiquiátricas
Alexandra Sterian

Ensaios psicanalíticos
Flávio Carvalho Ferraz

Entrevistas preliminares em psicanálise
Fernando Rocha

Epistemopatia
Daniel Delouya

Escritos metapsicológicos e clínicos
Ana Maria Sigal

Esquizofrenia
Alexandra Sterian

Fairbairn
Teo Weingrill Araujo

Ferenczi
Teresa Pinheiro

Hipocondria
Rubens Marcelo Volich

Idealcoolismo
Antonio Alves Xavier, Emir Tomazelli

Imitação
Paulo de Carvalho Ribeiro e colaboradores

Incestualidade
Sonia Thorstensen

Inconsciente social
Carla Penna

Infertilidade e reprodução assistida
Marina Ribeiro

Linguagens e pensamento
Nelson da Silva Junior

Morte
Maria Elisa Pessoa Labaki

Neuroses atuais e patologias da atualidade
Paulo Ritter

Neurose traumática
Myriam Uchitel

Normopatia
Flávio Carvalho Ferraz

O tempo, a escuta, o feminino
Silvia Leonor Alonso

Perversão
Flávio Carvalho Ferraz

Pós-análise
Yeda Alcide Saigh

Problemas de linguagem
Maria Laura Wey Märtz

Problemáticas da identidade sexual
José Carlos Garcia

Psicanálise e educação
Maria Regina Maciel

Psicanálise e música
Maria de Fátima Vicente

Psicoterapia de casal
Purificacion Barcia Gomes, Ieda Porchat

Saúde do trabalhador
Carla Júlia Segre Faiman

Sintoma
Maria Cristina Ocariz

Sublimação e *unheimliche*
Alessandra Martins Parente

Tatuagem e marcas corporais
Ana Costa

Tempo e ato na perversão
Flávio Carvalho Ferraz

Término de análise
Yeda Alcide Saigh

Tortura
Maria Auxiliadora de Almeida Cunha Arantes

Trama do olhar
Edilene Freire de Queiroz

Transtornos alimentares
Maria Helena Fernandes

Transtornos da excreção
Marcia Porto Ferreira

Vertentes da psicanálise
Maria Laurinda Ribeiro de Souza

Construindo ideias
e conectando mentes

Este livro foi composto com tipografia Liberation Serif
e impresso em papel Pólen Natural 80g.